绿成荫 花满枝

——记天津大学环境科学与工程学院发展历程

天津大学环境科学与工程学院 编

图书在版编目（CIP）数据

绿成荫　花满枝：记天津大学环境科学与工程学院发展历程 /天津大学环境科学与工程学院编. — 天津：天津大学出版社，2011.12
ISBN 978-7-5618-2847-2

Ⅰ. ①绿… Ⅱ. ①天… Ⅲ. ①天津大学－校史 Ⅳ. ①G649.282.1

中国版本图书馆CIP数据核字(2011)第246400号

策划编辑　郭　颖　韩振平
责任编辑　韩振平
装帧设计　郭　泉　谷英卉　董秋岑

出版发行　天津大学出版社
出 版 人　杨欢
地　　址　天津市卫津路92号天津大学内（邮编：300072）
电　　话　发行部：022－27403647　邮购部：022－27402742
网　　址　www.tjup.com
印　　刷　天津市豪迈印务有限公司
经　　销　全国各地新华书店
开　　本　200mm×192mm
印　　张　7.75
字　　数　78千
版　　次　2011年12月第1版
印　　次　2011年12月第1次
定　　价　78.00元

贺我校环境学院成立十周年

开创环保新局面

攀登科技新高峰

刘建平

二〇二年十一月

庆祝环境学院成立十周年。

为实现可持续发展多出人才多出成果。

李家俊

二〇一一年十一月

目录

序

环境十年，绿终成荫，花已满枝。

2011年12月，天津大学环境科学与工程学院迎来建院十周年的喜庆日子。为了纪念这十年，我们集全院师生的智慧，倾力编撰了这本纪念册。

这是一本平实的纪念册，她不华丽，但在所有“环境人”眼中，却不失为一种见证。

这是一本见证环境科学与工程学院发展历程的纪念册。她见证了师生们在教学和科研上不断创新，拓展我国环境学科的内涵，支撑我国环保节能事业的发展，努力攀登科技新高峰的光辉历程。

1933年，天津大学（时称“国立北洋工学院”）创办土木工程学系卫生工程组，成为给水排水专业前身。从1952年院系调整后，天津大学开始筹建给水排水与工业废水处理专业，1955年组建给水排水专业并开始招生，1956年组建供热供煤气及通风专业并开始招生，几经调整、更名，直至2001年12月，在环境工程系和建筑环境与设备工程系的基础上，新增环境科学系并组建成立环境科学与工程学院。可以说，这十年，是环境学院发展的十年，更是老给排水和暖通专业五十余年的积淀历程。

这是一本见证一代又一代“环境人”不断前行的纪念册。她汇集了自1960年第一届毕业生以来各届学生的名册及毕业照，让我们倍感珍贵。

几十年前，以毛理尔、李谟炽、张湘琳教授为代表的老一代教师，创办了卫生工程组（给水排水专业前身）。几十年来，一代代专业教师薪火相传，敬业爱生，孜孜不倦地培养了数以万计的毕业生。这些毕业生，又在他们各自的岗位上开拓进取，为国家富强、社会进步和环保节能事业的发展贡献着他们的光和热。

这是一本见证辉煌与成就的纪念册。多年来，学院学科建设不断取得突破，重大科研项目不断涌现，人才培养质量不断提高，国际合作能力不断增强。

在未来的日子里，天大“环境人”将一如既往地努力落实国家、天津市和学校的各项部署，紧紧抓住环保节能事业发展的新机遇，凝心聚力谋发展，科学管理上水平，努力开创学院事业发展的新局面，做实做好做强环境学院，为建设国内一流、国际知名的环境学院而奋斗。

我们希望这本平实的纪念册，能够起到存史备忘、资政育人、促提未来的作用。

在此，我们向学院建院十年来，给排水专业、暖通专业建立五十余年来的历任领导、师生员工、全体校友致敬！向为纪念册编辑出版做出贡献的各位老师、同学以及校友致敬！

我们相信，天津大学环境科学与工程学院在未来的发展中，一定会在学校的正确领导下，在全院师生及校友的不断努力和社会各界的大力支持下，承载科学精神与人文关怀，创新教育科研，沿着包容性和谐环境文化之路勇往前行！

祝全体师生及校友身体健康、万事如意！

天津大学环境科学与工程学院

院长： 党委书记：

2011年12月

学院概况

天津大学环境科学与工程学院是环境、能源、市政、建筑环境等方面的人才培养基地和科学研究中心。学院定位和建设目标为“国内一流，国际知名”，以“高起点、新机制、办特色、创一流、持续发展”为建院方针，不断招揽国内外高级优秀人才，在学科建设、人才培养、科研开发和应用推广等方面协调发展，快速实现重点突破。

学院下设环境科学系、环境工程系、建筑环境与设备工程系3个教学单位，并设有中心实验室、环评中心、建筑节能研究中心、座舱空气革新性环境研究中心（CARE）等。目前学院共有教职工80名，其中教授18人，副教授30人。学院拥有环境科学与工程1个一级学科，环境工程、环境科学、市政工程、热能工程和供热供燃气通风与空调工程5个二级学科；拥有覆盖全部二级学科的博士点和硕士点，并与我校建筑学院联合培养建筑技术专业博士研究生，建有环境科学与工程博士后流动站。学院每年招收本科生160名左右，硕士生100多名，博士生近30名。目前，学院在校生1 000余名，其中博士生100余名，硕士生300余名，本科生近600名。

学院的科研实力雄厚，年人均科研经费名列全校前茅；先后承担或参加“973”、“863”、国家“十五”“十一五”重大攻关项目、国家科技支撑计划、国家自然科学基金项目、天津市重点攻关和基层研究项目。在人才培养方面，学院以培养社会主义建设和社会发展需要的环境保护、市政工程、建筑环境、能源利用等领域的高级人才为目标，遵循“厚基础、精理论、宽领域、强调能力培养”的办学理念，在教学实践过程中，注重师资队伍的建设、教学资源的配置、资源的高效利用、教学优先发展、教学与科研共同进步。通过教学改革，不断更新教学内容，满足社会的需要；强化教学管理，加强教风和学风建设，进一步促进人才培养质量的提高。

学院积极开展对外交流，与国际著名大学、研究机构和企业开展合作，建立定期和不定期的互访交流。通过国外企业资助，为全院学生建立了科技创新基金，鼓励学生积极创新，提高学习积极性。有40%左右的本科毕业生继续研究生的学习，其中有近一半的学生是经考核合格免试进入硕士研究生学习，一部分学生还可进行硕博连读。学院还有一部分优秀学生可以选择攻读院内或校内其他专业第二学位，获得双学士学位证书。五十多年来，已经为国家输送了近万名本科生、硕士生和博士生等高层次专业人才，为中国环境保护、能源利用和建设工程领域的发展做出了重要贡献。

历史沿革

1895年北洋大学堂建立，设置有律例、工程、矿务、机械四个学门，其中工程即是土木工程。1900年，庚子之乱后学校停办。1903年开学复课，改称法律、土木工程、采矿冶金三个学门。辛亥革命后学校改名为国立北洋大学，土木工程学门设有卫生工程学。1911年8月，聘请麻省理工大学卫生工程专业毕业的阿瑟·布雷德弗德·毛理尔先生担任北洋大学土木工程学卫生工程教授，开设卫生工程学课程。1920年北洋大学改为专办工科，仍然设有土木、采矿、冶金三个学门。1928年学校改名为北洋工学院，1929年学门改称学系，土木学门改称土木工程学系。1933年土木工程学系分为土木工程组和水利卫生工程组。水利卫生工程组开设有给水工学、污渠工程、污渠工程计划及制图等课程，成为给水排水专业前身。教师李谟炽负责卫生工程课程。1945年抗日战争胜利后北洋大学在天津复校，设有土木工程系，曾威、张湘琳先后担任系主任，另设有水利工程学系和建筑工程学系。1952年，院系调整后，天津大学土木工程系和建筑工程系合并为土木建筑工程系，张湘琳任系主任，开始筹建给水排水与工业废水处理专业（后称给水排水专业）。1955年，给水排水专业组建并开始招收本科生，为当时国内给水排水专业“老八校”之一；1956年，供热供煤气及通风专业组建并开始招收本科生，是国内暖通专业“老八校”之一。

1960年，天津大学首届给水排水专业本科生毕业，开始招收研究生；1961年，供热供煤气及通风专业首届本科生毕业，开始招收研究生；1980年，给水排水专业改名为环境工程专业；1981年，环境工程专业正式招生；1984年环境工程学科获硕士学位授予权；1990年，天津大学供热供燃气通风及空调工程学科获得硕士学位授予权；1997年，成立环境工程系和供热通风与空调工程系，隶属于建筑工程学院；1999年，学校成立天津大学环境科学与工程研究院，供热通风与空调工程专业

注：随着学科建设的发展，专业几经更名。环境工程专业在不同时期的曾用名为：给排水、给水排水、给水排水工程、工业给水与废水处理；建筑环境与设备工程专业在不同时期的曾用名为：暖通、供热通风、供热通风与空调工程、供热供煤气及通风、供热供燃气通风及空调、热能利用与空调、热能利用与空气调节。

（系）改名为建筑环境与设备工程专业（系）；2000年，环境工程、热能工程学科获博士学位授予权，并于2001年开始招收博士研究生。

2001年，天津大学组建成立环境科学与工程学院，并入环境工程系和建筑环境与设备工程系，新增环境科学系；2002年，首次召开学院党员大会和全体教职工工会会员大会，选举产生第一届党委委员、工会委员；2003年，成功申报环境科学、市政工程及供热供燃气通风与空调工程3个二级学科博士点，连同2000年获批的环境工程和热能工程2个博士点，学院已有5个二级学科博士点，并成功申报环境科学与工程博士后流动站，天津大学环评中心成立；2004年，环境科学专业开始招收本科生；2005年，环境科学与工程一级学科博士点获批；2006年，学院中心实验室顺利通过天津市教委组织的实验教学评估，获得了"天津市高校优秀教学实验室"的称号；2007年，成立天津大学建筑节能研究中心；2008年，环境科学与工程博士后流动站被评为"天津市优秀博士后流动工作站"，学院的环境科学与工程学科在全国一级学科评估中排名第九；2009年，引进美国普度大学教授陈清焰，他先后入选"教育部长江学者"、"国家千人计划"，构建了"大飞机机舱环境研究"平台；2010年，"大气污染控制"成功申报国家级精品课程，建筑环境与设备工程、环境工程专业先后被列入国家特色专业，并与环境科学一起被列为天津市品牌专业。2011年，组建成立"城市固体废物产业技术创新战略联盟"，陈清焰教授任首席科学家的"973"项目"大型客机座舱内空气环境控制的关键科学问题研究"获批，成立座舱空气革新性环境研究中心（CARE）。

历史纪事

1911年

8月，北洋大学聘请麻省理工大学卫生工程专业毕业的阿瑟·布雷德弗德·毛理尔先生担任土木工程学卫生工程教授，开设卫生工程学课程。毛理尔是中国第一位卫生工程教师，为中国的给排水事业做出了很大贡献，曾担任过上海、重庆等几个城市的给排水工程顾问。

1933年

土木工程学系分为土木工程组和水利卫生工程组。水利卫生工程组开设有给水工学、污渠工程、污渠工程计划及制图等课程，成为给水排水专业前身。教师李谟炽负责卫生工程课程。

1952年

院系调整后，天津大学土木工程系和建筑工程系合并为土木建筑工程系，张湘琳任系主任，开始筹建给水排水与工业废水处理专业（后称给水排水专业）；张湘琳担任全国给水排水专业委员会副主任。

1954年

土木建筑系拆分为土木系和建筑系，给水排水专业隶属于土木系，张湘琳任土木系主任。

1955年

天津大学组建给水排水专业，为当时该专业国内“老八校”之一，当年招收本科生共2个班，约60人，并组建成立给水排水实验室。

1956年

天津大学组建供热供煤气及通风专业（后简称暖通专业），是当时该专业国内“老八校”之一，当年招收本科生2个班，63人。

1952年—1956年

哈工大、清华、东北工学院、天津大学等相继开设创办暖通专业。为了造就专业的师资队伍，国家高教部在哈尔滨工业大学招收研究生，我校先后派出温强为、金志刚、王荣光、张素久、李文田等老师赴哈尔滨工业大学向苏联暖通专家（B. X. 德拉兹多夫等）学习。

1957年

成立天津大学土木系供热供煤气及通风教研室，主要成员包括温强为、张素久、李文田、金志刚、王荣光、张永铨、赵之敏、曲阳秋。

1958年

采暖、通风、泵与风机、施工技术、煤气等专业课首次面向本科生讲授。

土木系和建筑系再次合并为土木建筑工程系，张湘琳任系主任；当时给水排水专业老一辈的教师共有10位：张湘琳、金绍基、王旭光、杨宝林、林荣忱、王训俭、李大元、安鼎年、许承谟、夏中摇。

1960年

首届给水排水专业本科生毕业，开始招收研究生，首届研究生只有4名，分别由张湘琳和林荣忱指导；全国开展“双革”运动（技术革命、技术革新），学生到工厂帮助进行技术改造。

1961年

供热供燃气及通风专业首届本科生毕业，开始招收研究生。

1962年

开始招收煤气方向研究生。

1965年

“文革”前最后一次招生。

1966年—1970年

“文化大革命”期间，暂停招生。

1971年—1976年

开始招收工农兵学员，学制为3年；暖通专业空军班入学。

1977年

恢复高考，学制改为4年。供热供燃气及通风专业改名为供热通风与空调工程专业。

1979年

土木建筑系再次拆分为土木系和建筑系，给水排水专业和供热通风与空调工程专业隶属于土木系。

1980年

给水排水专业改名为环境工程专业。

1981年

环境工程专业正式开始招生。

热能工程学科获得硕士学位授予权。

1984年

环境工程专业获得工学硕士学位授予权。

供热通风与空调工程专业和德国Essen大学“制冷与空气调节研究所”建立教学与科研合作关系，该研究所所长、Essen大学校长、国际制冷学会主席F. Steimle教授，曾任我校名誉教授，并多次来访讲学。

1990年

天津大学供热供燃气通风与空调工程学科获得硕士学位授予权。

1994年

供热通风与空调工程专业研究生教学通过建设部和国家教委举行的第一次评估。

1997年

成立环境工程系和供热通风与空调工程系，隶属于建筑工程学院。

供热通风与空调工程专业开始招收博士研究生。

1999年

天津大学成立“环境科学与工程研究院”。

10月，根据天津大学发展和国家教委专业名称调整的需要，供热通风与空调工程专业（系）名称调整为建筑环境与设备工程专业（系）（简称“建环”）。

2000年

环境工程、热能工程学科获博士学位授予权，并开始招生。

2001年

12月，经学校党委常委会讨论研究决定，同意成立环境科学与工程学院，任命原人事处处长徐友浩为首任党委书记，聘任日本东京大学毕业的张书廷教授为首任院长，雷鸣为党委副书记兼副院长，赵新华、朱能为副院长。学院包括3个系，5个研究所，1个实验中心。其时学院共有教职工47名，其中教师37人（教授9人，副教授10人）；拥有本科生490人，硕士研究生120人，博士生32人。

2002年

5月17日，环境学院第一次党员大会暨第一届党委会选举大会召开，选举产生第一届党委委员，徐友浩当选为党委书记，雷鸣当选为党委副书记，委员有朱能、安大伟、张书廷、朱文亭、顾平。

6月，建筑环境与设备工程专业以优异的成绩通过了建设部专家的评估。

10月，成功地举办了首届“海峡两岸沿海地区资源、环境与可持续发展学术研讨会”。

12月13日，环境学院第一届全体教职工大会暨工会会员大会胜利召开，选举产生了第一届教代会主任、校级教代会代表和工会委员。教代会主任由安大伟担任。经第一届工会委员会第一次会议，选举产生了工会主席安大伟、副主席赵林，明确了工会委员（朱文亭、由世俊、刘洪波、张党荣、王卿5名同志）的具体分工。

学生社会实践活动荣获“天津市社会实践先进示范队”称号。

2003年

在学校“十五”教改立项中，环境工程专业被批准为重点建设专业。

成功申报环境科学、供热供燃气通风与空调工程、市政工程3个二级学科博士点，至此，学院已有5个二级学科博士点。

聘请世界知名专家、丹麦技术大学的Fanger教授为名誉教授。

学院获准设立环境科学与工程博士后流动站。

学院成立“天津大学环评中心”，获批乙级环评资质。

学院被天津市教卫工委授予“天津市师德建设先进集体”称号，学院学生科技协会荣获“天津市普通高等学校先进集体”称号。

2004年

环境科学专业开始招收本科生。

学院获“天津市‘十五’立功先进集体”称号。

学生社会实践活动获得“天津市大中专暑期社会实践市级优秀示范队”称号。

根据建设部教育司的安排，承办“建筑环境与设备工程”专业指导委员会会议和专业教学研讨会。

学院以优异的成绩通过了学校对院级党组织工作进行的考核评估，学院党委被授予“天津大学院级党组织工作考核先进党组织”称号。

5月，学院与日本东京大学信息学院联合举办了“第七届建筑、城市环境工程国际研讨会（BUEE）”。

2005年

环境科学与工程一级学科博士点获批。

5月30日，召开环境学院第二届全体教职工暨工会会员大会，选举产生了第二届教代会代表和工会委员，经第一次会议决定，第二届教代会主任和工会主席由安大伟担任，工会副主席由王卿担任，明确了工会委员（马德刚、张觉荣、卢楠3位同志）的分工。

学院工会获“天津市2005年度高校工会工作先进集体”称号。

学院成功主办了“绿色节能建筑与可持续能源技术”国际研讨会。

陈冠益教授入选教育部“新世纪优秀人才支持计划”。

学生社会实践活动获得“天津市大中专暑期社会实践市级优秀示范队”称号。

2006年

12月12日，召开环境学院第二次党员大会暨第二届党委会选举大会，选举产生第二届党委委员，徐友浩当选为党委书记，刘洪波当选为党委副书记，委员有张书廷、朱能、安大伟、赵林、顾平。

学院党委获“中国共产党成立85周年天津市教卫工委级先进党组织”称号，学院再次被评为“天津市师德建设先进集体”。

学院中心实验室顺利通过天津市教委组织的实验教学评估，获得了“天津市高校优秀教学实验室”的称号。

学院先后组织主办“欧盟第七框架项目联合申请研讨会”、“固体废物最小化、无害化、能源化和资源化综合利用及环境分析工具国际研讨会”、“海峡两岸沿海地区循环经济与清洁生产理论与实践学术研讨会”等国际会议。

2007年

学院获“天津市精神文明建设文明学校”称号。

建筑环境与设备工程专业顺利通过建设部的本科教学评估工作。

天津大学建筑节能研究中心成立。

学院与天津市环境保护局签订环保科研与人才培养合作协议。

2008年

7月，学院主办第一届建筑能源与环境国际会议（COBEE）。

环境科学与工程学科博士后流动站被评为“天津市优秀博士后流动工作站”。

环境科学与工程学科在全国一级学科评估中，在69所高校中排名第九位。

环境学院勤工助学中心获“天津市先进集体”称号。

2009年

学院顺利完成行政班子换届工作，陈冠益担任院长，季民、赵林和马德刚担任副院长。

引进美国普度大学教授陈清焰，他先后入选“教育部长江学者”、“国家千人计划”，构建了“大飞机机舱环境研究”平台。

学院党委获天津市教育系统“创最佳党日”活动三等奖。

环境科学与工程学科博士后流动站被评为“天津市优秀博士后流动工作站”。

2007级建筑环境与设备工程2班团支部获“天津市学校系统优秀团支部”。

建筑环境与设备工程系本科生牟璇、于洪浩和研究生韩贵媛，在美国暖通工程师协会组织的“一体化节能建筑国际学生设计竞赛”（ISBD）中获得第三名，是唯一获奖的亚洲大学生，同时也是我国首次在此国际知名设计竞赛中获奖。

在“第二届全国大学生节能减排社会实践和科技竞赛”中，袁闪闪等5人的作品“天津某集中供热公司节能系统设计及软件开发”获二等奖。

成功召开“环境保护与节能减排”博士生学术论坛、“环境与新能源领域前沿论坛”。

2010年

“大气污染控制”被评为国家级精品课程。

建筑环境与设备工程、环境工程两专业列入国家特色专业，并与环境科学一起被列为天津市品牌专业。

科研项目多项获得突破，科研经费首次突破3 400万元，人均经费名列全校前茅。

10月，学院主持召开了“海峡两岸沿海地区低碳经济与可持续发展研讨会”、“中—德建筑节能国际会议”、“运输环境研讨会”等。

吕石磊副教授入选教育部“新世纪优秀人才支持计划”。

12月，学校任命原学工部副部长、就业指导中心主任张蕾为学院党委书记。

2011年

4月1日，环境学院第三届全体教职工暨工会会员大会胜利召开，选举产生了第三届教代会代表（25名）和工会委员（5名）。经第一次会议决议，第三届教代会主任和工会主席由马德刚担任，工会副主席由毛国柱担任，会上还明确了工会委员（韩冰霜、卢楠、郑雪晶3名同志）的具体分工。

5月6日，召开环境学院第三次党员大会暨第三届党委会选举大会，差额选举产生第三届党委委员，张蕾当选为党委书记，马德刚当选为党委副书记，委员有陈冠益、赵林、季民、朱能、王卿。

6月20日，在挪威特隆赫姆市召开的第12届ROOMVENT国际会议上，陈清焰教授获“北欧采暖通风与卫生工程学会成就奖”。这是该学会首次将此项奖励颁发给北欧籍以外的学者。

6月，学院党委荣获“天津市教育系统先进基层党组织”称号。

8月，建筑环境与设备工程系本科生齐特、张淇淇以及研究生陈元益组队参加美国暖通工程师协会组织的“一体化可持续建筑国际学生设计竞赛”（ISBD），取得了第一名的好成绩，这是此项设计竞赛第一次将第一名授予非北美国家（美国、加拿大）的大学生。这也是天津大学第二次在此竞赛中获奖。指导教师为刘俊杰和龙正伟。

9月27日，学院牵头组建“城市固体废物产业技术创新战略联盟”，该联盟的发起与主要参加单位包括国内固体废物产业技术领域的重点高校、知名科研院所以及在此领域具有影响力的骨干企业四十多家，优化组合成为国家城市固体废物产业技术创新战略联盟，进入科技部认定机制。陈冠益院长当选为第一届秘书长。

9月，陈清焰教授任首席科学家的“973”计划项目“大型客机座舱内空气环境控制的关键科学问题研究”获批，标志着我院基础研究领域的重大项目申请取得突破。10月，该项目已正式启动。

11月，陈冠益教授当选为天津市南开区第十六届人民代表大会代表。

11月，学院成功主办“第七届国际环境厌氧技术与生物能源学术大会”。

12月，国际研究平台座舱空气革新性环境研究中心（CARE）成立。

12月，孙井梅副教授入选教育部“新世纪优秀人才支持计划”。

本科教学成果

国 家 特 色 专 业：建筑环境与设备工程，环境工程。
国家级精品课程：大气污染控制。
天津市品牌专业：环境科学，环境工程，建筑环境与设备工程。
教育部第五届高等教育国家级教学成果奖一等奖：环境类专业人才培养方案及教学内容体系改革的研究与实践。

国家大学生创新性实验计划（本科）

项目名称	负责人	导　师
复合植物生态床对校园再生水的深度净化技术试验研究	宋彦青	季　民
湖泊中的氮元素内源释放规律及其抑制方法的研究	陈　露	赵　林
膜生物反应器（MBR）用于小区雨、污水处理与回用的研究	刘新禹	赵新华
小风力发电机风机空气动力学实验	崔　萌	由世俊
人工湿地与生物栅协同处理城市景观水的试验研究与应用	杨辰伟/王晓晨	赵新华
水生植物复合群落修复富营养化水体的技术研究	李东哲	迟　杰
基于绿色建筑评价体系的建筑节能量获取的方法研究	孟翔飞	朱　能
城市垃圾焚烧气体污染物分布调查及其与垃圾分类的关联性分析	洪玉阳	陈冠益

学生获奖

1994年，供热通风与空调工程专业高兴顺同学在全国第三届人环奖评比中获特等奖，为该奖项首发。

2005年，建筑环境与设备工程专业研究生马文超获天津市“挑战杯”课外学术科技作品竞赛一等奖、天津大学“挑战杯”课外学术科技作品竞赛一等奖。

2007年，环境科学专业的冯繁一获得天津大学第六届“学生科学奖”，是当年获奖学生中唯一一名本科生。

2009年，建筑环境与设备工程系本科生牟璇等，在美国暖通工程师协会组织的“一体化节能建筑”国际学生设计竞赛，获得第三名，是唯一获奖的亚洲大学生，同时也是我国在此项国际知名设计竞赛中的首次获奖。

2009年，建筑环境与设备工程专业研究生颜蓓蓓获上海同济高廷耀环保科技发展第六届“青年博士生杰出人才奖学金”。

2009年，环境科学专业本科生王奕蛟获挑战杯创业大赛天津赛区团体金奖。

2010年，建筑环境与设备工程系本科生齐特、张淇淇以及研究生陈元益，在美国暖通工程师协会组织的“一体化节能建筑”国际学生设计竞赛中获得第一名。

2010年，建筑环境与设备工程系研究生牟璇获得了美国暖通工程师协会“Grand-in-Aid”一万美元奖学金，这也是中国大学的研究生首次获奖。

2010年，环境科学专业的本科生王奕蛟获得天津大学第九届“学生科学奖”。

2011年，建筑环境与设备工程系研究生刘伟获得了美国暖通工程师协会“Grand-in-Aid”一万美元奖学金，这是学院研究生第二次获此奖。

2011年，环境工程专业魏燕杰同学的博士论文《SBR处理垃圾渗滤液的污泥颗粒化和稳定性及生物多样性研究》获首届“李圭白基金”市政工程学科优秀工学博士学位论文奖。

21世纪初天津市普通高等教育教学改革立项项目

项目名称	责任人
新世纪国际型环境科学人才培养课程体系构建及教学体制改革	张宏伟
建筑环境与设备工程专业教学内容与课程体系的研究与实践	安大伟

天津大学“十五”规划第一批课程建设立项项目

项目名称	负责人
制冷技术课程建设	张　欢
锅炉房工艺与设备课程建设	周志华
输配水工程课程建设	赵新华
环境监测课程建设	孙宝盛

天津大学“十五”规划第二批课程建设立项项目　重点课程建设项目

项目名称	负责人
大气污染控制工程	王晓玲
环境微生物学	郎铁柱

天津大学“十五”规划专业建设立项项目

项目名称	负责人	项目类别
环境工程专业建设	季　民	重点专业

天津大学“十五”规划第二批课程建设立项项目　优秀课程

项目名称	负责人
生态与环境伦理学	赵　勇
环境保护与可持续发展	张书廷

天津大学“精品教材与外文原版教材引进”立项项目

教材名称	主编
环境分析监测技术	孙宝盛
环境保护与可持续发展	郎铁柱　张书廷

“天津大学本科实验教学改革与研究” 项目立项名单

立项时间	项目名称	负责人
2005年第一批	大气污染、固体废弃物综合设计型实验的研究	马德刚
2005年第二批	“环境分析监测”实验教学的数字化研究	单金林
2005年第二批	“环境生物化学”QBT模式实验教学改革研究	刘宪华
2007年	启发式、互动式实验课程改革和双语教材建设	鲁逸人
2007年	“环境化学”发现式实验教学和教材建设	迟　杰
2007年	环境学科生物学系列课程CCD实验教学改革	刘宪华
2010年第四批	开放式环境监测课堂教学与实验教学一体化平台建设	迟　杰
2010年第四批	环境实验技术工程教育改革与IBTI教学体系建设	鲁逸人
2010年第四批	面向工程教育的环境生物学系列课程改革	刘宪华

普通高等教育“十一五”国家级教材规划

主编	名称	出版社
刘宪华	《环境生物化学实验教程》	科学出版社
安大伟	《暖通空调系统自动化》	中国建筑工业出版社
郭　静　阮宜纶　马德刚	《大气污染控制工程》（第二版）	化学工业出版社

天津大学精品课程

获奖时间	课程名称	负责人
2006年度	环境保护与可持续发展	张书廷
2007年度	人与自然（文化素质类）	赵　勇
2009年度	大气污染控制	季　民
2009年度	环境化学	迟　杰

天津大学工程教育改革　第一批　工程素质教育课程建设

项目名称	负责人
天津大学可持续发展工程教育课程体系建设	季　民

天津大学工程教育改革　第一批　课程综合设计与训练

项目名称	负责人
复合型环境科学人才培养的课程综合设计与训练	赵　林
水处理课程设计与生产实习综合改革	孙井梅
建筑环境专业课程设计工程教育改革实践研究	周志华

天津大学工程教育改革　第一批　工程大类基础课程建设

项目名称	负责人
环境学科基础课程改革及工程教育研究	赵　林　季　民　刘宪华

天津大学“多媒体课件与网络课程研制与开发”立项项目

项目名称	负责人
“环境保护与可持续发展”课程网络多媒体课件教学系统开发与应用	刘洪波
建筑环境与设备专业课程设计多媒体课件开发	叶天震

天津大学“新世纪本科教学改革的研究与实践”立项项目

项目名称	负责人
流体输配管网课程中流体运动的动态可视化	刘俊杰

毕业设计改革试点

项目名称	负责人
适于建筑环境与设备工程专业的“两步走”、“四结合”式新型毕业设计培养模式	张　欢

天津大学本科教学综合改革立项项目　重点项目

课题名称	负责人
环境学科人才培养实践教学体系建设	赵　林

天津大学本科教学综合改革立项项目　一般项目

课题名称	负责人
环境学科课程群和教学团队建设	陈冠益
工程教育背景下的“环境分析监测”课程改革与创新人才培养	孙宝盛　王　灿
暖通空调课程教育国际化尝试	刘俊杰

天津大学本科教学综合改革立项项目　自由探索项目

课题名称	负责人
环境科学专业国际化人才培养体系改革与实践	刘宪华
全过程保障的课程实践体系的建设与实施	马德刚
将全面素质教育溶入课堂教学的新型教育理念与教学模式	张　欢

教改论文

教改论文名称	作　者	发表期刊或会议名称
《“水污染控制工程”双语教学的实践》	孙井梅　季　民	大学环境类课程报告论坛
《以团队合作模式进行课程设计的改革实践》	王　芬　孙井梅　张光辉 邢国平　田一梅　季　民	大学环境类课程报告论坛
《工程教育背景下“环境分析监测”课程改革与创新人才培养的思考》	王　灿　孙宝盛	第六届大学环境类课程报告论坛
《建立毕业设计管理体系 提高毕业设计质量》	季　民　马德刚	中国大学教学
《“大气污染控制工程”课程体系改革实施效果与体会》	马德刚　王晓玲	中国教育教学杂志（高等教育版）
《大气污染控制工程多媒体教学的几点心得体会》	王晓玲　马德刚	中国教育教学杂志（高等教育版）
《非环境类专业环境教育体系的构建与实施》	马德刚　季　民	大学环境类课程报告论坛论文集
《环境工程专业学习教学的改革设想》	牛志广　马德刚	大学环境类课程报告论坛论文集
《“活化”大学课堂教学——以“人与自然”课堂教学为例》	赵　勇　季　民	大学环境类课程报告论坛论文集

出版教材及专著

教材名称	作　者	出版单位	出版时间
《供热计量技术》	涂光备	中国建筑工业出版社	2003
《LINGO 8.0及其在环境系统优化中的应用》	张宏伟	天津大学出版社	2005
《环境保护与可持续发展》	郎铁柱	天津大学出版社	2005
《可再生能源利用与建筑节能》	王荣光	机械工业出版社	2005
《环境生物化学实验教程》	刘宽华	科学出版社	2006
《制药工业的洁净与空调》	涂光备	中国建筑工业出版社	2006
《输配水工程》	赵新华　刘洪波	化学工业出版社	2006
《建筑环境与设备控制技术》	刘耀浩	天津大学出版社	2006
《大气污染控制工程》（第二版）	郭　静　阮宜纶　马德刚	化学工业出版社	2007
《环境分析监测理论与技术》	孙宝盛　单金林	化学工业出版社	2007
《注册环保工程师专业考试复习教材》	全国勘察设计注册工程师环保专业管理委员会编写（马德刚等）	中国环境科学出版社	2007
《洁净室的检测与运行管理》	涂光备	中国建筑工业出版社	2008
《暖通空调系统自动化》	安大伟	中国建筑工业出版社	2009
《环境化学实验》	迟　杰　齐　云　鲁逸人	天津大学出版社	2010
《建筑节能管理》	朱　能	中国建筑工业出版社	2010
《中国建筑节能经济激励政策研究》	吕石磊	中国财政经济出版社	2011

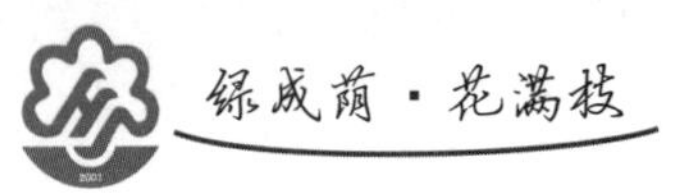

近年来国家级科研项目

项目（课题）名称	项目类别	项目负责人	起止时间
大型客机座舱内空气环境控制的关键科学问题研究	“973”计划（主承担）	陈清焰	2012—2014
大规模过程系统能量集成优化的新理论和新方法	“973”计划（主承担）	张于峰	2009—2013
整体细胞催化剂在清洁柴油制取中的创新应用基础研究	“973”计划 前期研究项目（主承担）	陈冠益	2006—2008
水分子簇结构及其振动运动对生命大分子活性的影响及其调控机理	“973”计划 前期研究项目（主承担）	赵　林	2004—2005
转移排放与碳泄漏在谈判中的应用研究	“973”计划	王　媛	2010—2011
生物质转化为高品位燃料的基础问题研究	“973”计划	张　欢/陈冠益	2009—2012
湖泊水环境质量演变与水环境基准研究	“973”计划	陈冠益	2008—2012
复合污染控制及典型受损生态系统修复原理	“973”计划	张宏伟	2007—2009
生物质定向气化的基础研究	“973”计划	张　欢	2007—2012
坝堤灾变系统特征及灾害场时空分布规律	“973”计划	柴立和	2007—2008
秸秆发酵剩余物的气化转化过程	“973”计划	陈冠益	2004—2009
秸秆资源生态高值化利用研究	“973”计划	陈冠益	2004—2009
水分子结构及运动对生物体内物流传导与阻滞影响机理	“973”计划	赵　林	2003—2006
城市污水生物处理过程中经济高效的剩余污泥减量	“863”计划（主承担）	张书廷	2007—2010
磁性整体细胞催化剂制备及生物柴油新技术工艺研究	“863”计划（主承担）	陈冠益	2007—2010
新型膜生物反应器的工程化与应用	“863”计划（主承担）	顾　平	2003—2005
管道式连续催化甲酯化制备生物柴油新技术	“863”计划	陈冠益	2009—2011
城市市政管网预警/决策与系统控制研究	“863”计划	赵新华	2008—2009
室内典型空气污染物净化关键技术与设备	“863”计划	吕石磊	2007—2010
植物油脂绿色转化关键技术产品	“863”计划	陈冠益	2007—2010
泰达再生水河道景观水体沉水植物系统构建技术	“863”计划	季　民	2004—2005
南方地区安全饮用水保障技术	“863”计划	赵新华	2003—2005

续表

项目（课题）名称	项目类别	项目负责人	起止时间
热解气化制取生物燃气新技术与示范	国家科技支撑计划（主承担）	陈冠益	2011—2013
典型人工海岸污染控制与生态构建技术研究及示范	国家科技支撑计划（主承担）	赵　林	2010—2012
污水库高含盐难降解底泥沥出液处理技术集成与工程示范	国家科技支撑计划（主承担）	张宏伟	2009—2011
城镇生活垃圾处理系统低碳技术集成研究与示范	国家科技支撑计划	颜蓓蓓	2011—2013
清净湖生态系统重建与管理决策关键技术研究及工程示范	国家科技支撑计划	牛志广	2009—2012
实验室空气污染防护处置和实时净化关键技术和产品的研究	国家科技支撑计划	刘俊杰	2008—2011
华北村镇住宅抗震技术研究	国家科技支撑计划	由世俊	2008—2011
工程建设与调度管理决策支持技术研究	国家科技支撑计划	王晓玲	2006—2009
建筑物（群）全天候耦合能量传递优化控制及节能关键技术	国家科技支撑计划	马洪亭	2008—2010
木薯酒精废液厌氧发酵技术与设备研究与推广应用	国家科技支撑计划	张书廷	2007—2010
华北地区既有建筑综合改造技术集成示范工程	国家科技支撑计划	赵新华	2007—2011
国际产业分工与碳排放向中国的转移评估	国家科技支撑计划	王　媛	2008—2010
太阳能空气采暖建筑设计技术研究	国家科技支撑计划	张　欢	2006—2010
村镇地下储能直接冷却应用关键技术研究	国家科技支撑计划	张于峰	2006—2010
作业场所职业危害评价分级关键技术研究	国家科技支撑计划	朱　能	2006—2008
中空纤维膜生物反应器污水处理系列装置研制	国家科技支撑计划	杨造燕	1998—1999
北方城市大型污水处理厂除磷脱氮和污泥减量化技术研究与工程示范	国家科技重大专项	季　民	2009—2011
城市污水处理能力优化配置技术研究与应用	国家科技重大专项	尤学一	2009—2011
非传统水源利用集成技术，水量调度与管网水质控制技术研究	国家科技重大专项	田一梅	2009—2011

续表

项目（课题）名称	项目类别	项目负责人	起止时间
高等级病原微生物实验室污染空气排放处置设备的研发与应用	国家科技重大专项	刘俊杰	2009—2012
城市生态型大型居住区景观水体保障技术集成与示范研究	国家科技重大专项	孙井梅	2008—2011
城市污水再生利用及水质安全保障技术开发与工程示范	国家科技重大专项	牛志广	2008—2010
滨海新区“库—河—湖”水系结构的水量水质联网调配方案研究	国家科技重大专项	牛志广	2008—2010
天津中心城区景观水体功能恢复与水质改善技术开发及工程示范	国家科技重大专项	季　民	2008—2010
流域社会经济结构调整及水污染综合防治中长期规划研究	国家科技重大专项	毛国柱	2008—2010
天津滨海工业园区产业布局化与水控源减排技术研究与工程示范	国家科技重大专项	季　民	2008—2012
城市污水再生利用及水质安全保障技术开发与工程示范	国家科技重大专项	赵新华	2008—2010
海上石油伴生气体回收直接合成甲醇新工艺研究	科技部国际合作项目	陈冠益	2010—2012
秸秆 /粗甘油共气化清洁高效发电关键技术的基础研究	科技部国际合作项目	陈冠益	2006—2009
生物质全组分热化学转化制取车用生物燃油的关键基础问题研究	国家基金重点/重大项目	陈冠益	2011—2014
生物质催化气化/热解制氢技术路线中的基础科学问题	国家基金重点/重大项目	陈冠益	2006—2009
层流火焰和燃烧反应动力学	国家杰出青年基金——海外青年学者合作研究基金	陈冠益/白雪松	2005—2007
供水管网性能综合评价与多目标更新优化模型研究	国家基金面上项目	赵新华	2012—2015
生物硝化受抑制与恢复过程中的硝化菌群结构演变分析与调控策略研究	国家基金面上项目	季　民	2012—2015
结晶—载带—膜分离工艺去除中低水平放射性废液中的锶铯及机理研究	国家基金面上项目	顾　平	2012—2015
混凝土辐射供冷建筑热动态特性研究	国家基金面上项目	田　喆	2012—2015

续表

项目（课题）名称	项目类别	项目负责人	起止时间
基于广义熵原理的复杂生态工业系统结构演化动力学	国家基金面上项目	柴立和	2011—2013
相变材料墙建筑蓄换热机理及节能效果研究	国家基金面上项目	吕石磊	2011—2013
化学—生物耦合膜反应器的构建及其对水体中多氯联苯原位去除机理研究	国家基金面上项目	赵　林	2011—2013
微生物气溶胶颗粒在高效空气过滤器上过滤收集和繁殖规律的研究	国家基金面上项目	刘俊杰	2010—2012
N-TiO_2基Zn-卟啉染料敏化太阳能电池光电转化效率研究	国家基金面上项目	谭　欣	2010—2012
城市供水管网可靠度的动态模拟与相关技术研究	国家基金面上项目	赵新华	2009—2011
建筑内极端环境对人体耐受力影响的关键问题研究	国家基金面上项目	朱　能	2009—2011
水团簇结构对重金属在生物体内转运的影响机理及其生物效应研究	国家基金面上项目	赵　林	2008—2010
城市供水管网爆管预测预警的研究	国家基金面上项目	田一梅	2008—2010
光催化还原CO_2制CH_3OH的反应动力学研究	国家基金面上项目	谭　欣	2008—2010
沉水植物对环境内分泌干扰物环境行为影响研究	国家基金面上项目	迟　杰	2008—2010
城市河道污染底泥修复研究	国家基金面上项目	孙井梅	2008—2010
西部典型生物质和粗甘油共蒸汽气化制氢的新机理研究	国家基金面上项目	陈冠益	2007—2009
富营养化对持久性有机污染物在水/沉积物间迁移行为的影响	国家基金面上项目	迟　杰	2007—2009
微萃取器内流动控制和增强传质的机理研究	国家基金面上项目	尤学一	2007—2009
水利水电地下工程施工通风CFD 动态模拟与优化研究	国家基金面上项目	王晓玲	2006—2009
城市供水管网漏损及优化维护的研究	国家基金面上项目	张宏伟	2006—2009
纳米粒子增强硝酸还原酶电极反应器的构建及其脱氮规律	国家基金面上项目	赵　林	2006—2009
给水管网中细菌多样性及生长动力学模型及应用研究	国家基金面上项目	赵新华	2005—2007
从传递现象的角度探讨分形结构形成的物理机理	国家基金面上项目	柴立和	2005—2007

续表

项目（课题）名称	项目类别	项目负责人	起止时间
城镇医疗垃圾热解气化处理过程的机理研究	国家基金面上项目	张于峰	2004—2006
活性污泥的加热面电位调节干燥方法的研究	国家基金面上项目	张书廷	2004—2006
应用于直燃机的新型循环(3GAX)研究	国家基金面上项目	由世俊	2004—2006
水团簇结构及运动对药物释放影响的机理及规律研究	国家基金面上项目	赵　林	2004—2006
微萃取系统的理论和实验研究	国家基金面上项目	尤学一	2004—2006
城市供水系统运行决策支持系统研究	国家基金面上项目	张宏伟	2003—2005
富营养化对内分泌干扰物酞酸酯环境行为影响研究	国家基金面上项目	迟　杰	2003—2005
区域供水与水污染控制系统综合规划的优化研究	国家基金面上项目	田一梅	2002—2004
城市输配水系统优化运行与高效管理综合研究	国家基金面上项目	赵新华	1999—2001
周期循环刺激下快速厌氧污水处理新工艺	国家基金面上项目	杨造燕	1998—2000
植物吸收污染底泥中重金属的动力学分析及最优调节	国家基金青年基金项目	李红霞	2012—2014
污水能源微藻体系的构建及其环境调控的研究	国家基金青年基金项目	齐　云	2012—2014
渗滤取水海水源热泵系统中海水运移规律研究	国家基金青年基金项目	郑雪晶	2012—2014
水环境下生物油原位加氢重整改质的机理研究	国家基金青年基金项目	徐　莹	2012—2014
荷电颗粒过滤压降模型的研究	国家基金青年基金项目	龙正伟	2012—2014
秸秆工业化制沼气中乙酸与金属盐协同预处理及酸发酵液回用机理与方法研究	国家基金青年基金项目	吕学斌	2012—2014
基于熵值分析的城市供水系统风险定量化评价方法研究	国家基金青年基金项目	牛志广	2011—2013
超声破解污泥促进生物反硝化脱氮效果与机理研究	国家基金青年基金项目	王　芬	2011—2013
城市排污河道复合污染沉积物的异位生物修复	国家基金青年基金项目	吴　卿	2010—2012
催化复合阴极电解反应器去除RO浓水中环境优先污染物的研究	国家基金青年基金项目	张光辉	2010—2012
高热湿作业环境下人体热耐受与热调节研究	国家基金青年基金项目	吕石磊	2010—2012
生物质的二级流化床热解——气化制取氢气技术的研究	霍英东教育基金会项目	陈冠益	2006—2008

续表

项目（课题）名称	项目类别	项目负责人	起止时间
高热湿环境下人体热习服基础的研究	教育部项目	朱　能	2011—2013
基于复杂网络理论的湖泊生态系统修复演化机理与调控	教育部项目	毛国柱	2011—2013
生物质气化与燃气轮机燃烧集成发电的机理性研究	教育部项目	陈冠益	2010—2012
催化ACF复合阴极电解反应器去除RO浓水中环境优先污染物的研究	教育部项目	张光辉	2010—2012
多氯联苯降解菌群的构建及菌群功能分析	教育部项目	齐　云	2010—2012
天津大学节约型校园建设	教育部项目	田　喆	2009—2010
水平管束降膜动力学与界面传递过程增强研究	教育部项目	由世俊	2008—2010
废弃印刷线路板热解回收技术研究	教育部项目	马洪亭	2008
基于模糊理论的城市供水系统运行管理研究	教育部项目	张宏伟	2006—2008
复杂环境系统的非线性问题的研究	教育部项目	柴立和	2003—2005
微流道中流动稳定性研究	教育部项目	尤学一	2002—2003
复合污染体系在沉积物水界面行为及模型研究	教育部项目	迟　杰	2002—2003
城市供水管理信息系统的研究	教育部项目	张宏伟	2000—2002
利用高温菌进行水处理的技术研究与咨询	国际合作	张书廷	2004—2005
膜电解钠碱液再生循环湿式烟气脱硫技术	国际合作	张书廷	2004—2005
面向更好环境——在中国贯彻节能型建筑物	欧盟项目	陈冠益	2003—2005
生物质气化联合燃气轮机发电可行性研究	欧盟项目	陈冠益	2003—2006
中欧环境领域科研合作决策支撑技术与平台研究	部委国际合作项目	牛志广	2011—2014
海洋微藻能源规模化培养制取生物柴油研究与示范	部委项目	陈冠益	2011—2013
高能效建筑技术综合集成研究与示范	部委项目	朱　能	2010—2012
热电联产集中供热系统节能优化研究与示范	部委项目	赵　靖	2010—2011
地级市温室气体排放控制与污染物减排的协同效益分析	部委项目	颜蓓蓓	2010—2011

续表

项目（课题）名称	项目类别	项目负责人	起止时间
海洋能勘查及评价标准的研究和制定	部委项目	陈冠益	2010—2012
盐度对水生植物生理活性及营养盐去除能力的影响	部委项目	季　民	2010—2013
低热值气体预混湍流火焰的基本结构与火焰稳定性机理研究	部委项目	颜蓓蓓	2010—2011
利用膜生物反应器技术改造医院污水处理系统示范工程	部委项目	顾　平	2010—2011
我国区域产业梯度转移的环境风险及其对策研究	部委项目	颜蓓蓓	2009—2010
离网式太阳能发电系统与控制器研究	部委项目	娄承芝	2009—2010
规模化推进既有建筑改造组织模式及投融资模式研究	部委项目	朱　能	2009—2010
温室气体排放统计核算与环境监管能力建设地级市节能减排措施的二氧化碳排放试点研究	部委项目	陈冠益	2009—2010
天津市政府办公建筑和大型公共建筑能耗数据采集方案	部委项目	田　喆	2008—2009
滨海新区典型人工岸线生态修复技术集成研究	部委项目	毛国柱	2008—2009
生物柴油连续化生产技术与示范	部委项目	陈冠益	2006—2009

近年来科研奖励

天津市科学技术奖 科学技术进步奖

奖励等级	获奖项目名称	年度	完成单位情况
一等	河流、海洋和水环境数值模拟技术及其应用	2005年	第一完成单位
二等	中空纤维膜生物反应器污水处理系列装置研究与开发	2002年	第一完成单位
二等	天津市水污染物排放总量控制技术与方法研究	2006年	第二完成单位
二等	新型高效超高效滤料性能检测实验台的研制	2007年	第一完成单位
二等	渤海典型海岸带生境修复技术	2007年	第四完成单位
二等	基于3E复杂系统的城市水资源可持续利用研究	2008年	第一完成单位
二等	海河流域生态环境供水量及配置理论与应用	2008年	第一完成单位
二等	城市水环境改善与水源保护示范工程研究	2011年	第二完成单位
二等	渤海湾天津海域海水淡化环境影响分析、评估及总量控制研究	2011年	第二完成单位
二等	军用野外一体化膜净水器	2003年	第二完成单位
三等	基于供水信息的水量预测与水资源优化管理系统	2002年	第一完成单位
三等	蒸发式热分配表的研究与产品开发	2003年	第一完成单位
三等	计量供热系统的设计与性能研究	2003年	第一完成单位
三等	城市输配水系统优化调度	2003年	第一完成单位
三等	天津市地铁环控系统节能技术研究	2003年	第二完成单位
三等	高校节水综合示范工程研究	2003年	第一完成单位
三等	城市供水管网事故状态下的优化调度研究	2006年	第一完成单位
三等	变频调速可逆转地铁风机、消声器成套设备	2007年	第二完成单位
三等	超低焦油秸秆高效制气技术	2008年	第一完成单位
三等	天津近岸海域生态环境特性研究	2009年	第一完成单位

中国人民解放军总后勤部科技成果展

奖励等级	获奖项目名称	年度	完成单位情况
二等	军用野外一体化膜净水器	2003年	第二完成单位

军队科技进步奖

奖励等级	获奖项目名称	年度	完成单位情况
三等	241Am废水絮凝微滤处理组合工艺	2005年	第一完成单位

荣誉录

市级荣誉

2003年 天津市师德建设先进集体
2003年 学院学生科技协会荣获天津市普通高等学校“学生先进集体”称号
2004年 天津市“十五”立功先进集体
2005年 天津市高校工会工作先进集体荣誉称号
2006年 中国共产党成立85周年天津市教卫工委级先进党组织
2006年 天津市师德建设先进集体
2007年 天津市精神文明建设“文明学校”称号
2008年 天津市人事局颁发的天津市优秀博士后科研流动站
2008年 环境学院勤工助学中心获“天津市先进集体”称号
2009年 天津市教育系统“创最佳党日”活动三等奖
2009年 天津市人事局颁发的天津市优秀博士后科研流动站
2011年 天津市教育系统先进基层党组织称号

校级荣誉

2003年 天津大学“科技工作”优秀单位
2003年 环境学院党委被评为“天津大学先进党组织”
2004年 天津大学“网上信息报送”先进单位
2004年 天津大学校运动会教工团体总分第二名和精神文明奖，学生获乙组亚军和精神文明奖
2005年 天津大学“建设和谐校园优秀团队”
2006年 天津大学“网上信息报送”先进单位
2006年 天津大学教职工纪念红军长征胜利70周年歌咏大赛三等奖
2007年 天津大学“网上信息报送”先进单位
2007年 天津大学“档案工作”先进单位
2008年 天津大学“人口和计划生育工作”先进单位
2008年 天津大学教职工纪念改革开放三十周年歌咏比赛二等奖
2009年 天津大学“三八红旗集体”
2009年 天津大学“本科招生宣传工作”先进单位
2011年 天津大学纪念建党九十周年全校歌咏活动银奖及优秀组织奖

历任领导

历任学院领导

职务	姓名（任期）
党委书记	徐友浩（2001.12—2010.12）　张　蕾（2010.12—）
党委副书记	雷　鸣（2001.12—2004.09）　刘洪波（2004.11—2009.06） 马德刚（2009.06—）
院长	张书廷（2001.12—2009.10）　陈冠益（2009.10—）
副院长	赵新华（2001.12—2009.11）　朱　能（2001.12—2009.11） 雷　鸣（2001.12—2004.09）　刘洪波（2004.11—2009.06） 季　民（2009.11—）　赵　林（2009.11—）　马德刚（2009.06—）

历任系（教研室、科室）主任

系（教研室、科室）	姓名（任期）
环境工程系（给排水专业）	张湘琳（1952—1966）　林荣忱（1968—1992）　杨造燕（1992—1996） 季　民（1996—2009）　刘志强（2009—）
建筑环境与设备系（暖通专业）	温强为（1956—1962）　李英才（1963—1966）　张永铨（1983—1986） 马九贤（1987—1995）　安大伟（1995—1997）　张于峰（1997—2001） 由世俊（2002—）
环境科学系	赵　林（2002—2010）　刘宪华（2010—）
中心实验室	安大伟（2002—2006）　赵新华（2007—2009） 季　民（2009—）
综合办公室	王　卿（2002—）

历任教工党支部书记

党支部	姓名（任期）
环境工程党支部	孙　毅（1972—1992）　侍广良（1992—1996）　朱文亭（1996—2006） 牛志广（2006—2009）　马德刚（2009.01—2009.06） 刘志强（2009.07—2010.06）　张光辉（2010.07—）
建环党支部	刘贵民（1960—1963）　叶盛仪（1963—1965）　杨造燕（1966—1972） 郑长印（1975—1992）　安大伟（1992—1994）　周志华（1998—2006） 叶天震（2007—）
环科党支部	毛国柱（2008.12—）
综合党支部	王　卿（2002.01—2006.12）　卢　楠（2007.01—）

历任教职员工

入职时间	环境工程系（给排水专业）	建筑环境与设备系（暖通专业）	环境科学系	中心实验室	综合办公室（团委）
1951年	张湘琳				
1953年	金绍基				
1954年	王旭光　杨宝林				
1955年	林荣忱				
1956年	王训俭			李兰茵 陶德璋	
1957年	李大元　安鼎年	温强为　张素久 李文田　金志刚 王荣光　张永铨 赵之敏　曲阳秋			
1958年	许承谟　夏中摇	李苏兰　李英才			
1959年	张静玉	余世达　刘贵民		刘明素	
1960年	孙　毅　杨承义	李书后　郑长印			
1961年	杨造燕	马九贤　周　伟 马庆法　涂光备		马华年	
1963年		金显明　孟光照			
1964年	侍广良　张俊贞				
1965年	阮宜纶　栗恒祥	宋益明			
1966年		郭正书　朱于高			
1969年	刘耀浩				
1970年	姜淑香				
1972年				齐庚申 陈春淼 张觉荣	
1973年	宋秀栾				

续表

入职时间	环境工程系（给排水专业）	建筑环境与设备系（暖通专业）	环境科学系	中心实验室	综合办公室（团委）
1974年		徐友浩　李恒业 尚兴华			
1975年	郭　静　田淑媛 赵新华　王树强 朱国海　周长文	商如斌　孙世秀			
1976年	朱文亭	由世俊		杜　膺	
1977年	丛爱芬	张于峰			
1978年				洪庆华　杨秀文 徐　正	
1980年		陈庭耀			
1981年	季　民	王万达			王祖尧
1982年	孙宝盛　邢国平 黄建跃	安大伟　朱　能 王　青			
1983年	刘志强	巨永平			
1984年	顾　平　田一梅	胡振杰			李砚波
1985年		邢金城			
1986年	张宏伟	娄承芝　刘晓铭 崔　军			王　卿
1987年	薛广宁　王　瑾	张　欢　谭志清		单金林	张津生
1988年		周志华			
1989年					杨书元
1990年	镡　新				
1991年	郎铁柱				于　波
1994年		刘俊杰			
1995年		葛　华			席兆胜

续表

入职时间	环境工程系（给排水专业）	建筑环境与设备系（暖通专业）	环境科学系	中心实验室	综合办公室（团委）
1996年		龚　健		王　伟	
1997年		叶天震　凌继红		孙延禄	
1998年	王晓玲　孙井梅	杨　洁		鲁逸人	
1999年	刘洪波	田　喆			王　葳　高喜峰
2001年	张书廷　赵　勇	李建兴	迟　杰　赵　林		雷　鸣　卢　楠　张信阳
2002年	马德刚		赵　林　尤学一　胥思勤　柴立和		
2003年	姚水良　卞如林	陈冠益	刘宪华　李清雪　钟定胜	黄建军	韩冰霜　高恩会
2004年				温雪松	
2005年	牛志广		王　媛	李振东	张　灿
2006年	王　芬　刘　勇	邓　娜			秦璐璐
2007年	吴　卿　张光辉	马洪亭　吕石磊　孙贺江	毛国柱　刘涉江　齐　云		王　杨
2008年		郑雪晶	赵　鹏		
2009年	王　灿　吕学斌	陈清焰		刘　欢　赵金娟	
2010年		颜蓓蓓　赵　靖　龙正伟	聂红涛		张　蕾
2011年	李茹莹　祝新利　彭　森　翟洪艳	裴晶晶	李　楠		

博士生与硕士生招生名单

博士生名单

年 级	专业名称	姓 名
2000级	建筑技术科学	孙洲阳 杨 洁 陈 华 凌继红
2001级	建筑技术科学	陈红兵 那艳玲 周志华 邹同华 吕 静 孙贺江 田 喆 邢金城 吴 挺
2002级	建筑技术科学	嵇赟喆 闻宝联 张 伟 王 伟 田雨辰 常 茹
	环境工程	张 涛 张克强 王 暄 阎怀国 牛志广 陈 超 肖 笛 黎 荣 张 颖 高 永 杨宗政 刘洪波 宋文筠 吴 卿 王晓东 贾霞珍 田为勇 董国凤 梁宝双
	热能工程	邓 娜 李新禹 田 琦 王 艳 周国兵
2003级	建筑技术科学	曹国庆 郝满晋
	环境工程	白晓琴 储诚山 傅剑锋 李海英 罗湘南 马伟芳 任玉森 王卫红 谢建治 张 蕾 赵胜跃 赵 英 赵 元 董国凤 郝爱玲 靳登超 雷 鸣 李 霞 马德刚 乔庆云 王 芬 王景峰 王 亮 赵 鹏
	热能工程	郝 红 申 江 谢 慧
	环境科学	齐 云 闫 博
2004级	环境工程	刘卫华 刘月敏 孙迎雪 王丽娟 王晓东 薛玉伟 张光辉 戴雄奇 胡连江 姜远光 王 捷 张新波 赵瑞华 陈 平 沙 布（留学生）
	热能工程	刘志凯 马洪亭 牛宝联 张 舸
	供热供燃气通风及空调工程	吕石磊 袁凤东 刘树森 涂岱昕 王书中 张宝刚
2005级	环境工程	池勇志 迟海燕 胡保安 贾 辉 李晓波 李 莹 逄国林 王伟之 王晓丹 杨 洁 张景丽 张 楠 张雪花 张云霞 高 斌 黄建军 李红霞 吕建波 岳 琳 田一梅 唐运平
	热能工程	孙 立 高源山 陈丽然 郭晓娟 胡晓微 任艳莉 田 禾 解海卫 孙越霞 张 艳
	供热供燃气通风及空调工程	董书芸 李国建 牛润萍 郑雪晶 高建卫 雷海燕 刘雪玲 卢 楠

续表

年　级	专业名称	姓　名
2006级	环境工程	郭　立　陆　彬　潘留明　吴　云　徐　晖　张海丰　曹井国　曹占平　张长平　刘昌业　杨金升
2006级	热能工程	陈　雁　李　伟　秦　娜　颜蓓蓓　赵　薇　崔俊奎　郭春梅　郝　斌　胡艳军　李　刚　刘丽萍
2006级	供热供燃气通风及空调工程	石发恩　王一飞　陈　静　汪磊磊　吴君华　吴文忠　王宏伟
2006级	市政工程	张玲玲
2006级	环境科学	潘　峰　于　涛　穆　迪　阎　波　郭丽祥　李金娟　石　义（留学生）
2007级	环境工程	陆彩霞　骆碧君　彭　森　孙　韬　王晨婉　周莉莉　常素云　董丽华　姬爱民　刘丽梅　马华继　王海霞　王海燕　王晓杰　邢　错　于晓艳　张　斌　周　颖
2007级	热能工程	马文超　陈占秀　高文学　王　宇　王志刚　项敬岩　颜爱斌　杨　宾　赵丽霞　赵志辉
2007级	供热供燃气通风及空调工程	曹　磊　李　岩　李艳菊　梁传志　穆振英　尤占平　赵　靖
2007级	市政工程	魏燕杰　于志强　汪　泳
2007级	环境科学	黄　宇　李若璞　刘　伟　刘秀丽　郑敬茹　葛艳辉　胡　滨　刘琼琼　卫　静　张小葵
2008级	环境工程	李亚男　刘　爽　陆仁强　李　超　齐旭东　孙　亮　孙优善　张　蕊　张信阳　赵春霞
2008级	热能工程	董　彬　范志华　林群慧　刘凤国　刘洪鹏　马玖辰　彭锦星　王　莹　魏莉莉
2008级	供热供燃气通风及空调工程	李宪莉　杨筱静　曹荣光　杜　昭　付卫红　韩　莹　金　楠　李　欣　任　悦　张　标
2008级	市政工程	韩东刚　李亚静
2008级	环境科学	王爱丽　王广庆　向先全　张丽娜　赵兴贵　王　俊　陶从喜　田环宇　张雅君　柳听义　王文华

续表

年级	专业名称	姓名
2009级	环境工程	陈磊 韩非 骆欣 王辛影 王艳 王祎 姚艳 支苏丽 周广宇 戴红霞 王衍智
	热能工程	刘广瑞 吴正胜 陈成敏 陈妍 葛明慧 郭少朋 胡涛 兰维娟 李健 史维秀 王超 王晓东 周桂雄
	供热供燃气通风及空调工程	李国庆 刘魁星 刘炜 苗庆伟 孙于萍 俞洁 周保华 丁研 朱天利 沈钢
	市政工程	王杨 吴维 赵赫 庄宝玉
	环境科学	贺媛媛 李树元 李英 徐晓甫 杨栩 赵海萍 朱生凤 陈芃 李鑫 刘年磊
2010级	环境工程	王文强 王晨晨 于佳瀛 李楠 赵刘 苏晓 王蕾 陈彦熹 彭晨蕊 刘磊 林晔 王栋 夏季春 任庆春 安宁
	热能工程	刘玮 付文成 王雅博 李太禄 张乐道 张月 朱哲 阙志峰 高小明 盛颖
	供热供燃气通风及空调工程	陈杰 韩刚 徐鑫 郑国忠 鲍玲玲 姚健 介鹏飞 孔祥飞 吕芳 杨适综 李博佳
	市政工程	刘骆峰 韦晓竹 赵卉琳
	环境科学	郭军康 冯智劼 王喆 马凯 张若纯 冯磊
2011级	环境工程	武莉娅 袁艳林 杨增军 孙中国 乔怡娜 刘新媛 张蕾 赵欣 李楠 许艳红 朱玥琦 刘刚 叶猛 赵保峰 李婉晴 何洋 岳金强 张志扬 樊军 季祥
	热能工程	于晓慧 张链 武全萍 赵小志 康淑娟 张雁茹 谈西锋 王秋林 穆永超 翁志勇 崔占忠
	供热供燃气通风及空调工程	郑万冬 赵春雨 刘龙 刘馨 薛雨 冯壮波 周超斌
	市政工程	王雨菲
	环境科学	孙业政 陈宇 陈嘉懿 任婧 丁舒 滕启治 郭笑笑 朱鹏炜 康瑾瑜 赵树明

硕士生名单

年 级	专业名称	姓 名
1964级	给水工程（副博士）	迟国基
1965级	给水工程（副博士）	陈乃霖 李亚新
1978级	环境工程	朱文亭 吕 斌 季 民 迟国基 王启山
	热能工程	陈庭跃 章学药
1982级	环境工程	赵新华 李玉友
	热能工程	由世俊 杨洪兴 李恒业
1983级	环境工程	郑 强
	热能利用及空调工程	张军工
1984级	环境工程	辛志伟 张书林 卓照明 张宏伟 赵齐宏 王增义
	热能利用及空调工程	程秋红
	热能工程	邵冠林
1985级	环境工程	王 谨 邢国平 安晓晶 庄 平 田为勇 武福平 李东明
	热能工程	刘凤香 姜志刚 徐 鸣 牛瑞明 姜如嵩 关文吉 连育群 张纯安 刘朝南 朱 能 巨永平
1986级	环境工程	刘延华 古建国 吕树光 胡玉民 于 山 苏少锋 郭一令 束 克 付玉柱 雷乐成 杜金山
	热能工程	魏玉琴 何晶明 胡振杰 刘 燕 刘振图 关 旭 宋锡勇 田贯三
1987级	环境工程	刘东方 张雅君 马亚男 王乐川 魏文辉 龚泰石 田一梅 田 林
	热能工程	谭志清 张少凡 宗立华 杜晓刚
1988级	环境工程	怀肖清 韩 维 李迪田 纪 轩 刘春平 张建国 何 琳 高 东 杨 凡 张振家 潘树根 李 刚
	热能工程	田 琦 范慧方 张厚羽 吴新玉 罗 东 孙长池 陈 阳 韩显军
1989级	环境工程	任 军 颜育平
	热能工程	孙咏梅 徐 菠 胡香明 郭卫光 刘晓铭

续表

年　级	专业名称	姓　名
1990级	环境工程	沈优越 徐元勤 贾霞珍 赵洪凯 刘洪海 董　更 张永豪 狄东红
	热能工程	孙　巽 王景刚 赵瑞明 包　满 石　岩 高海军 郭凤侠
1991级	环境工程	钟晓武 赵玉华 严　鹏 冯萃敏 赵乐军
	热能工程	王丽文 刘俊杰 邢金城 朱　旻
1992级	环境工程	葛　华 段　刚 张小宝 朱丹丹 刘　冰 黄虹宇 赵树兴
	热能工程	翟力新 孙　杰 佟　燕 吴立波 武鹏昆 原　毅 张　萍
1993级	环境工程	于振生 王维斌 景翔峰 金　宏 吴凡松 孙志伟 陶卫克 黄焱歆 郑培福 任向锋 邓彩玲 赵树明 耿　林 许吉现 张　琳
	热能工程	杨延安 王　文 许淑惠 程　波 张　晓 孙泽强 李　斌 李敏霞 万　晔 张春雨 孟长再 刘玉峰 李艳峰
1994级	环境工程	张秀峰 刘　义 马　悦 董艳丽 镡　新 曹　蓉 都永海 张凤娥 薛广宁 刘宪兵 李清雪 张云天
	热能工程	杨凯威 万国承 崔明辉 陈忠海 乔　华 叶天震 孔维秀 赵喜敬 王　倩 凌继红 周　露
	供热供燃气通风及空调工程	王侃宏
1995级	环境工程	朱雁伯 朱晓娜 张寒霜 黎　荣 罗　璟 陈思源 张　力 宋亚文 孙井梅
	热能工程	周志华 刘立平
	供热供燃气通风及空调工程	孙　苹 高兴顺 李灿华 王少杰 朱栩城 常　茹 费　鹏 胡　欣 谢　岚 贾俊理
1996级	环境工程	王　召 匡志花 周　丹 李方方 马丽丽 李　敏 刘　飒 赵　元 姜利群 储诚山 钟志鹏 刘云奎 赵慧敏 李金河 李传运 阎怀国
	热能工程	杨　英 付　里 张　宇
	供热供燃气通风及空调工程	刘传宝 李为民 舒海文 邢永杰 唐汝宁 陈文浩 刘　芳 田　喆 李　丽 张劲松 杨　洁

续表

年级	专业名称	姓名
1997级	环境工程	闫海英 陈春芳 罗 虹 张宇龙 刘 飒 周伟丽 邱 波 李 哲 陈 超 刘 壮 郑 毅
	供热供燃气通风及空调工程	贺克瑾 吕 芳 杜秀敬 刘 珊 冀 英 雷志衡 华 君 杨 巍 刘 斌
1998级	环境工程	霍金胜 李江涛 刘英梅 米宝霞 邵 敏 王景峰 王 暄 颜 玲 杨 芳
	热能工程	涂岱昕
	供热供燃气通风及空调工程	杜进荣 高 林 李沁如 刘 丽 刘艳玲 娄 刚 史学增 王建栓 王 毅 伍小亭
1999级	环境工程	戴雄奇 匡 颖 李 鸿 梁 娟 刘洪波 刘锦霞 卢燕玲 牛志广 吴昌敏 席兆胜 杨 睿 张 颖 周 菁 杨大春 杜津辉 关卫平
	热能工程	王海英 杨文帅
	供热供燃气通风及空调工程	嵇赟喆 蒋 薇 娄小军 马德刚 孙贺江 田雨辰 王良柱 祝秀娟 董 颖 陈 杰 叶建东
	环境科学	宋文筠
2000级	环境工程	董 梅 穆 荣 毛永明 陈若宇 陈卫文 单金林 窦金萍 李茹莹 李 征 林 蔓 潘艳艳 任智勇 张 丽 王晓杰 赵胜跃 徐 娟 周 颖 苑宏英 张江朝
	热能工程	曲秋波
	供热供燃气通风及空调工程	巩增友 郭利华 郎 炜 刘 晶 祁 峰 王峰一 王少杰 王勇利 杨 斌 杨向劲 于松波 张 舸 周文忠 曹国庆 程雅丽 邓 娜 费良斌 冯 永 葛柳平 宫玖兵 李晓梅
2001级	环境工程	傅玉芬 刘卫华 刘志强 刘 星 刘静文 孙丽娜 布 多 张光辉 张云霞 李长洪 李 霞 李 静 汪 泳 王 坚 王海霞 王 芬 董亚玲 赵玲萍 迟海燕 郝爱玲 郭东敏 闫晓强 黄海耀 王 馨
	热能工程	李 江 王莉莉 董玉平 包敦岩
	供热供燃气通风及空调工程	冯 昕 刘 洋 宗 杰 刘 睿 李瑞新 李秋生 杨东旭 柏 婧 柏 晨 王书中 王 晋 王永红 王英辉 田 铖 由玉文 袁凤东 袁哲宁 路世昌 郝 晖 黄保民 刘树森 李永祥 刘 沛 姜 军 孙学锋

续表

年级	专业名称	姓名
2001级	环境科学	王 亮　赵 鹏
2002级	环境工程	董丽华　郭祎萍　焦文海　李广魏　李国金　李 莹　连 鹏　刘晨光 刘 涛　刘耀璘　刘 烨　骆 欣　梅 朵　孙 鹏　王俊博　王 阳 王志丹　薛松宇　杨 洁　姚颖悟　张科杰　张 楠　张新波　张绪强 赵 全　郑 斐　朱 珂　吴坚扎西
	热能工程	王智敏　赵 赫
	供热供燃气通风及空调工程	陈雪芬　丁世明　董书芸　高 峰　高立江　黄勇波　金 明　李 涛 李艳菊　彭 鹏　宋国军　孙 琳　孙鹏程　孙越霞　王 斌　王海霞 王 宇　王志刚　魏巧丽　杨 惠　杨 可　于振峰　张伟伟　张小云 张秀梅　赵金亮　邹志胜
	环境科学	陈小明　邓华健　李 涛　刘 华　鲁逸人　王红莉　张曙光　郑湘君
	市政工程	孙路长　杨 勇
	同等学力在职申请硕士	罗 瑾　李勇刚　刘叔伟　蒙 晖　卢 楠　李 明　张 胜　张亚莉 朱高雄　杨玉旺　马瑞巧　刘 勇　张信阳　王 起　王 琦　郑敬民 孙庆余
	工程硕士	运美生　王忠刚　韩 勇　王向会　刘永吉　巩志敏　李慧秋　刘国菊 张 旭　何凤华　翟春年　卢 凯　张明芝　李晓娟　徐 斌　田宝义 杨蛟云　张 毅　刘家富　王领全　胡春萍　陈庆权　孙晓敏
2003级	环境工程	白昊阳　白丽萍　毕 源　陈永玲　胡国付　霍 贞　姜少红　李红霞 李 慧　廖 静　刘旦玉　刘学欣　陆 彬　石 玲　王 彬　王科理 王 煊　吴迷芳　杨 虹　殷传斌　岳 琳　张建军　张微尘　张晓慧 吴洪有　张海丰　张永举
	热能工程	陈 静　董大纲　李 强　赵 丹　赵玉新
	供热供燃气通风及空调	陈 波　光俊杰　解 勇　靳艳茹　李 刚　甄敏钢　李忠实　刘 冰 刘 芳　刘 莉　刘振宇　张 蕊　吕晓燕　马树峰　孟祥梅　孟 震 孙丽婧　张成宇　王江标　王一飞　吴 坤　吴丽娟　夏 颖　苑文乾 谢慧祎　徐 静　杨 樱　尹 航　于燕玲　袁秋霞　周远斌
	环境科学	康江丽　李 丹　李慧博　李金娟　李 莉　刘琰萍　吕文明　骆向萍 穆 迪　平 措　王振坤　陈黎明　杜惟玮　于 涛

续表

年　级	专业名称	姓　名
2003级	市政工程	金洛楠　吕德华　赵　洁
	同等学力在职申请硕士	杨　涛　谢娟毅　王　佳　赵河立　高云霞　闫晓洁　张向怡
	工程硕士	杨孟军　姜立安　任俊智　毕会清　张维亚　王　虹　阎玉荣　何　涛 韩绍瑜　王晓华　张天英　孙华林　赵　曦　惠杨杨　段士伦　付　辉 贾晓波　卢　杉　叶树青
2004级	环境工程	陈炬锋　冯　涛　郝红海　花文青　黄　宇　李松敏　李天光　李维尊 刘安青　刘　畅　刘磊磊　刘鹏飞　刘志阳　卢　姗　吕　英　聂　肖 任艳琴　孙月峰　谭　浩　田立伟　王苗苗　王　涛　王　杨　王银平 王　英　吴兆晴　许艳红　于丹丹　于　欣　喻　青　臧　倩　张　斌 张　辉　张丽亚　张　亮　周莉莉
	热能工程	白晓玲　高文学　马文超　颜蓓蓓　张小晖　赵　薇
	市政工程	李　峰　牛育辉　秦　琦　于志强
	供热供燃气通风及空调工程	高彩凤　贡征峰　郭　斌　韩荣山　何　琼　林　泽　刘建伟　刘　涛 刘晓林　刘志军　孟元东　裴晶晶　谭文嘉　田　浩　汪磊磊　王　斌 王　健　王　萌　王志强　杨　沫　杨尚一　杨天麟　张璐璐　张　宁 张素丽　张文胜　张文帅　张延龄　赵歆治　周传勇　朱晏琳
	环境科学	董　涛　范　凯　顾启华　黄道君　李　彬　李若璞　刘素娟　刘　伟 马传苹　马　睿　孟祥明　孙　明　孙　韬　汤争争　于　洋　张洁帆 郑敬茹　郑　媛　王　辉　王建平　王倩怡　韦海英　肖厚蓬　朱　琳 石　义（留学生）
	同等学力在职申请硕士	刘艳霞　蔡彦明　李立峥　魏新庆　张宏伟　高志红
	工程硕士	赵学军　刘全生　白士梅　成　玉　穆　浩　刘振江　胡静文　张继东 夏文辉　王树勋　佟达志　张志扬　祝　超　郑志成　王　晟　刘　弢 田庆玲　韩东刚　张　寅　单　科　李　杨　纪　涛　李　军　张巧麟 褚一威　苏丽娜
	高校教师在职申请硕士	路　立　张想竹　蔡　波　吴代顺　付卫红　张志红　张　薇　李　莎 赵连梅

续表

年级	专业名称	姓名
2005级	环境工程	常素云 陈红超 陈宏宇 杜伟 关跃华 韩育宏 黄翠芳 李波 李俊 李日东 李卫民 李盈利 刘锋刚 刘丽梅 刘岩龙 陆彩霞 骆碧君 孟祥磊 南君勇 彭森 申海亮 司彦杰 孙亚锡 王晨婉 王金翠 王利平 王娜 王涛 王雁河 吴水波 邢锴 熊芳 杨焕 杨丽丽 杨拓 张凤 张昕 张莹 赵荣
	热能工程	冯杰 贾佳妮 刘方金 刘增辉 王乔力 伍晨
	市政工程	常永滑 郭进 刘慧娜 王启童 王晓华 魏燕杰
	供热供燃气通风及空调工程	包丽锦 毕传丽 杜苗 樊振国 冯建桥 蒋爱颖 李莉 李全鹏 凌春雷 刘小妹 刘晓海 刘洋 马福多 牟道庆 潘黎 乔锐 孙艳 王峰印 王焕海 王继永 徐斌 徐波 于建伟 袁小平 臧洪泉 张志辉 兆艳虹 赵靖 赵磊 周晓洁 邹亚平
	环境科学	常淑玲 崔萌 董林林 付芳 高钦 高庆春 胡滨 黄华 霍翠花 景琦 李睿 刘骆峰 刘秀丽 刘勇 司进龙 谭子骏 吴万秀 杨勇 杨真 殷国梁 于顺东 张惠芳 张建新 赵东美 周金峰 宗永臣
	同等学力在职申请硕士	魏昕 王富全 李在秋 刘宝新 李萌 杨虹 郭勇 史志琴 黄钢 马轮 袁长生 于浩鹏 许晓丽
	工程硕士	杨华伟 张延川 马训强 刘峰 彭丽华 蒋斌 吉海亮 邹志国 许敏 徐海峰 倪春林 董宪华 邢召良 史元芝 王保瑞 苗帅 张阳 刘欣 胡建坤 孙伟 国霖 徐亚鹏 邓春颖 刘力 高亚萍 邵蓉 王颖倩 郤子冬 徐立新 康利君 张立强 杜文奇 孙意 张鸿鹤 殷铮 梁佳斌 王红宇 黄浩云 魏骑智 廖旭涛 梁全民
2006级	环境工程	阿琼 陈健敏 陈龙 陈路全 崔玉红 董慧峪 段琦琦 姜冰 李超 李克亚 李亚男 林涛 刘宝山 刘恩辉 刘宏娟 刘景允 刘爽 刘雪朋 刘亚利 刘一曼 陆仁强 裴同英 彭秀华 隋鸿志 田鹏飞 王崇武 王方 王萌萌 王新亮 王祎 吴任国 杨东 杨晓帆 张刚 张晗 张蕊 赵静 钟梓洁 朱永兰
	热能工程	李小江 廉变峰 马学莲 任清华 孙凯 张链

续表

年级	专业名称	姓名
2006级	供热供燃气通风及空调工程	高磊 韩刚 靳娇 李春阳 李江龙 李玲燕 李文燊 李宪莉 林国真 刘明 马群 牟宇 聂金哲 齐瑞颖 曲翔 尚莹 盛颖 王德胜 王海东 魏莉莉 温文涌 吴越超 许凯 许媛媛 杨高飞 杨筱静 尹奎超 张俊芳 张士花 赵春雨
	环境科学	程茉莉 崔成云 方玉明 付甫刚 黄静 焦佳 李春艳 李占 王芳 王明超 王伟 王文华 喜素静 向先全 张蕾 张璐 张鹏 张睿 张薪 张玄 张云霞 柳听义
	市政工程	邓特刚 黄兴 孟宪禹 王忠贵
	同等学力在职申请硕士	于楠 邢竹 初喜章 白莹 赵洪 肖强 谢峰 张谨 陈民
	工程硕士	单兴卓 樊在义 霍星 纪振栋 李红柳 李洪清 李培 刘伟 刘彦诚 刘颖 孙静 吴维 吴旭红 杨智华 赵辉 朱永彬 陈洪军 高新国 徐学浩 郑英
	高校教师在职申请硕士	高赵霞 刘义军 孙颖 王红芬 陈波 崔振平 韩冰霜 彭玉丹
2007级	环境工程	安娟 陈衍玲 陈谊 邓金颖 丁婷 韩丹 郝赟 何攀 李浩宾 李欣 李岩 李振中 李震 李正晖 刘茜 刘巧红 刘世德 吕火焰 孟广 孙欣 王彬蔚 王昊 王品才 王盛勇 姚艳 尹翠霞 于佳瀛 张丹 张海亚 张盛楠 张斑 赵成云 赵询霞
	热能工程	安捷 蔡振华 陈颖 范婷婷 刘广瑞 吴正胜 俞洁 张翔宇
	市政工程	蒋扬 李鹏 栾闯 张国钟 庄宝玉
	供热供燃气通风及空调工程	白鹃 陈成敏 陈晓冉 丁研 姜明秀 孔祥蕊 李鸿 李晋秋 李园园 李早 刘丹 刘江 刘靖 刘魁星 刘世超 刘运雷 吕萌萌 孟华 邵华 史维秀 孙家丽 田立贤 王硕 谢朝国 于洋 张磊 张婷
	环境科学	陈芃 陈森平 董楠 高一娟 郭幸斐 贺媛媛 李楠 李鑫 刘冠飞 刘敏 刘年磊 马国建 米玛 孙文静 滕红霞 滕蕴娴 田井涛 王伟 王晓宇 韦金昌 魏新洲 吴雪 邢吉龙 徐晓甫 杨会民 赵利卿 赵扬 郑岩 周小希 邹芳睿 德吉央宗
	同等学力在职申请硕士	明云峰 王健 王靖莹 李国庆 闫烽 郑伟 成嘉慧

续表

年级	专业名称	姓名
2007级	工程硕士	曹颖 陈丽娜 崔静 多维娜 高晓佳 何崇智 回蕴珉 李茜 李胜英 刘建海 刘宁 刘迎春 马文红 马颖 毛树声 时津津 孙力 田野 邢海涛 徐静 尹桂娟 尤宇 于宏仪 张健 张林栋 张旭东 张泽生 赵薇 赵新娟 李铁 伊晓路
	高校教师在职申请硕士	赵雪 刘芳 于薇 刘飞
2008级	环境工程	陈彦熹 陈中玉 程磊落 戴立峰 冯爽 郭幸丽 韩刚 黄业千 李瑞贤 李涛 刘小芳 刘洋 吕祥瑞 牟洁 芮琳娜 史文霞 宋彦青 陶金成 王晨晨 王庆年 王雅丽 王宇飞 闫静静 阳习龙 杨靖 张秋苓 张瑛 张云霞 张自强 周冬冬 朱教宁
	热能工程	陈磊 李永攀 刘玮 吴月石
	市政工程	陈发 高杰 高洁 李娜 刘扬 王洪 允爽
	供热供燃气通风及空调工程	陈信鑫 董建征 冯其明 甘建红 韩贵媛 韩钊 郝连虎 何乐 何帅 呼志强 黄娟 李博佳 李春茹 李俊飞 李美霞 李猛 李玉波 刘金旭 马永亮 宿春晓 王会鹏 魏慧娇 杨肖 尹亮亮 袁闪闪 张诚 张红玉 张涛 张彦所 赵以轩 赵振华 郑晓娜 欧阳娟娟
	环境科学	杜菲菲 冯綮一 郝文涛 郝信东 姜重阳 金艳勤 李建 顿珠次仁 李秋实 李彦伟 李莹 林菲 罗定英 马水英 倪静 尼玛次仁 宁琳 许涛 张静 张伟 周晓杰
	同等学力在职申请硕士	张景红 肖婕 陶金 阮晓磊 刘杨 胥小龙 苏蕊
	工程硕士	张晓正 张蕾 王硕 闫宏祥 崔涵 韩宁 程茀 张菁华 徐萌 赵跃辉 姚冰 佟晓南 王广成 徐潇 庞维亮 郭贺 梁斌 闫岩 宫洪艳 李静 侯志毅 谢鹏 张大威
	高校教师在职申请硕士	朱春英 张丽清 吴世先 刘力健 韩冬瑞
2009级	环境工程	安宁 白佳琦 才余 陈鑫力 董红霞 杜丹 黄纯凯 蒋田田 李娟 李娜 李园芳 孟蕾 秦晓 苏欣 孙娇 谭炳刚 王寒 王菁 王玲玲 王小慧 王晓磊 魏姗姗 杨瑞 尹维友 张林 张雅婧 张岳 赵彩云 赵谱 赵旭光 赵勇 郑磊 周正印 成国栋 郜志云 郭渊明 胡怡杉 黄耀坤 季晓静 贾利华 姜宇 康孟新 李华芝 李岚 李楠 李夏青 李振伟 厉建苗 林琳 刘波 刘京 刘倩 刘新媛 刘彦伟 马瑶 苗楠 潘琳 卿小飞 荣江秀 王惠 王秀丽 武莉娅 席波 袁彦斌 张磊 张馨月 周璇 朱丹

续表

年 级	专业名称	姓 名
2009级	热能工程	何思洋 李国富 孙敬龙 王 娜 张晓伟
	市政工程	崔航宇 黄 婷 李志杰 田 宇 张明虎 章 丽 周莎莎
	供热供燃气通风及空调工程	常晨晨 陈 程 丛 林 方 琦 高 煜 郭佳佳 郝海仙 贾 捷 李聪聪 李丽萍 李 楠 李青燕 李 琼 刘 佳 牟 璇 穆永超 秦小娜 孙斌辉 谈孜超 王梦蕾 王 霞 王燕芹 王 颖 王运平 闻济舟 谢真辉 辛亚娟 杨国强 杨晓晨 尹兴蕾 于晓慧 张会斌 张欣苗 赵 越 郑万冬
	环境科学	包呈敏 蔡晓丹 冯梦南 郭江泓 郭 静 郭 鑫 和夏冰 计 琳 李 晶 李鹏飞 潘润芝 王赫婧 王晓楠 吴天彧 杨 青 游璐华 张春雪 张 杰 赵 坤 普布次仁
	同等学力在职申请硕士	王 会 吴正平 贾 俊 马春峰
	工程硕士	徐迎军 田 青 姜文玲 金 澎 陈 璐 成瑞璠 刘 旭 任 亮 李爱斌 崔占忠 陈洪彬 赵 亮 张 蕊 鲁 平 付春娥 王美丽 张 鹏 张予婷 赵翌晨 阎 程 田 丹 王 君 徐志勇 崔博文 曾兴宇 唐 剑 程丹丹 高文亮 辛 宇 张学利 刘 洋 卢 健 马超华
	高校教师在职申请硕士	王 健 李凤丽
2010级	环境工程	陈春苗 陈广武 董 琪 付 玉 高津京 韩婵娟 郝夙枫 江积斌 靳雪姣 李卫娟 凌 莹 刘 骋 刘 頔 刘 杨 卢志强 马丽筠 裴杨安 王芳超 王淏阳 王明辉 王 睿 王润娟 王 拓 王文琴 吴 尘 杨娇凤 尹 弋 赵美玲 周 倩 周强建 宗燕平 陈娇娇 陈伟楠 杜 江 段景晓 高亚洁 葛学伟 宫庆超 郭 浩 郭洪娜 侯若昕 姜 巍 李东梅 李 爽 李小芳 刘晶晶 马姗姗 权 威 邵兆凤 司志娟 王 佳 王丽娟 王鑫杰 王 予 王志超 伍 薇 杨立焜 叶 健 殷 殷 于凤庆 张建国 赵 楠 郑 波 庄汉杰（留学硕士）
	热能工程	李 虎 王继林 王维维 向 操 杨国利 于会洋 张桂莲 张丽英
	市政工程	陈洪涛 杜振峰 孔 鑫 刘宏伟 刘 京 孙 欢 王丽丽 王 雪 吴 晗 张高嫄 张 楠
	供热供燃气通风及空调工程	曹晓东 晁江月 陈高峰 陈元益 董 蕾 董丽萍 高 晶 高 萍 郭 强 胡 珊 江崇旭 赖达祎 李 斐 李 锋 李骏龙 李 旭 刘素梅 刘宗攀 沈 忱 田秀芳 王伟良 王晓东 王志强 薛 鹏 杨卫肖 张 珂 张银苹 赵 晓 周思宇

续表

年级	专业名称	姓名
2010级	环境科学	程宏鑫 方东明 郝雪龙 李楠 李天 平凡 佟慧妍 王洪梅 王丽丽 王淋淋 王思雨 张天虎 赵珅 赵帅 钟锐 朱德成 罗西（留学硕士）
	同等学力在职申请硕士	韩巍 王斌 王宏 林琳 王乃琳
	工程硕士	张君美 李津 朱晓吟 赵亮 吴正平 高静 高书宝 浦华勇 徐爱东 梁迪 赵瑾 崔胜霞 杨涛 陈霞 霍金玉 房庆钰 朱金亮 张可萌 林姣 黄昕 王瑜 赵琳娜 刘圆圆 刘国良 徐僖 刘昆 孟佟 王立亚 吕宝华 李现辉
2011级	环境工程	崔珍珍 樊强 高希丽 韩丽 郝科慧 黄羽 靳向丹 孔韡 李朦 李思聪 李亚楠 李艳 李阳 麻思明 马丹丹 马媛 孟凡波 史昱骁 孙姣 王建铎 王美 王全震 王晓晨 王熠宁 吴云龙 谢玉霞 徐蕊 颜廷文 姚晓琰 张宏扬 张冉 赵玉峰 陈涵冠 程曦 董胜明 耿汉霖 耿雪 何彧 姜晓刚 李萌 李倩 李倩如 李文朝 李亚亚 梁普 刘世宇 潘冬晖 申丽芬 申峥 孙津鸿 孙秀浩 孙媛媛 王东博 王龙 许吟波 杨辰伟 于龙 张蓓蓓 张本利 张彦 张燕 赵娴 周芳 周锐 朱红敏
	热能工程	贺鹏举 牛晓雷 宋肖的 王钦 卫莎莎 张枭雄 张小燕
	市政工程	董岩 范艳明 郭乃溶 郭玉章 韩漪 鲁帅 王江海 王秀俊 张志成 朱齐齐
	供热供燃气通风及空调工程	安璐 蔡哲 崔德振 董超 杜嵩 付强 古广磊 韩旭 贺中禄 黄璟瑜 冷木吉 李放 李友莉 马海涛 任生雄 沈仁君 史新立 仝丁丁 王亚楠 王祎 王玉杰 徐璐祎 徐欣 薛岑 杨建 杨青霞 杨紫维 张寅 赵路辉 赵永洁 朱春光
	环境科学	戴歆 郭华 郝苗青 贾璐颖 蒋旭涛 金银 李鑫斐 林菁 石婷 石潇璇 王莉丽 温世超 吴颖颖 熊艳玲 杨彩兄 赵志远 郑婷 郑义
	同等学力在职申请硕士	张宇龙 刘岩 韩达 张学宏 张莉 刘岳 段晨钧 杨丙杰
	工程硕士	高伟 张汛 王瑞 袁博 史云 胡喜翠 邓立军 刘景彬 裴明津 刘韦华 李海强 杨柳 高振伟 王春晖 张金龙 卫威 李悦 刘晓然 陈迪嘉 刘欣 田翠香 闫红梅 张春伟 张斌 蔡建军 杨景良 张振海 武建领 王华 陶亚静 刘然

历届本科毕业生名单与照片

1960届

给水排水专业

丁雨苍　王绍文　王逸炯　介　雯　江志学　朱文缪　李一学　李　生　林健文　林佑南　沈锦铭
汪永青　徐玉琴　马保亭　程天锡　焦兆明　张淑蓉　黄至银　董童竞　鹿率真　萧浣梅　钱克刚
石素安　史习宜　林开初　金福元　岳鸿恩　施日蒸　胡秀兰　高永升　郭守蕴　郭洛秀　郭可志
孙心清　张政民　张瑞兴　张俊贞　靳允翰　邓绍煜　陆行萼　娄　鹏　唐尊亮　蔡佩霖　戴毓琴
刘守宏　魏　演　芦心虹　胡大卫　朱纯贤　李文兹　周祥凤

1961届

给水排水专业

倪　钧　阮章佑　孙婷芬　汪凯民　吴祥林　李祚达　李佩文　宋金恒　吕光美　伍志馨　尹培德
王振国　王振龙　齐　健　魏文国　刘鸿轩　蔡同亲　罗靖屏　蔡　世　张延灿　张友德　程　进
梁乃祥　梁富生　段铭诚　果曼倩　张克桑　单葆杰　杨庆云　郑元德　杨业伟　齐金声　刘祖培
王春雷　王炳勲　于心合　王清照　王裕民　江履新　孔令楷　吴名礼　邢右仁　周兰蕉　张焱焱
刘良吉　刘元明　杨毓寿　缪　益　陈佩文　孙天霖　张吕钟　李明德　李瑞千　邱于镖　林惠君
白皎磊　王明媛　王效承　王卓清　丘世英　肖禄卿　章　慧　葛文宇　李学淇　王悦文　王荣昌
孙　毅　杨承义　刘长吉　洪　发　崔长锡　薛凤嘉　董童宝　刁会藻　李学源　吴明忆　杨造燕
李震寰　刘鸣岐　赵园通　滕世甲

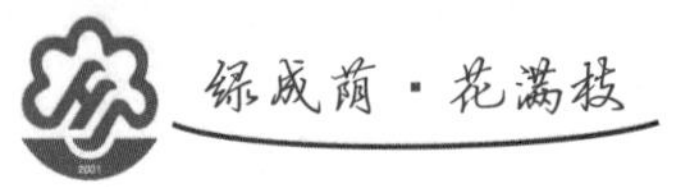

1961届

供热供煤气及通风专业

吴云飞　李佩材　董继宗　魏子志　郑婉华　潘雨顺　刘玉山　曹新民　赵震南　赵玉珍　关源昌
黄积龄　梁结实　陈贻谅　马龙英　马九贤　余遐超　林威权　林祖威　尚京生　周炳麟　何尚道
解尔康　万才大　滕守林　魏心强　赵善秀　袁训昭　袁孝復　童仲春　陈本晶　郁　珊　黄宏江
张慎言　王秉竹　甘湘怀　朱培康　曲斌信　包丽珠　李　豪　李秀蓉　张　蕙　崔若蕙　李文祥
董光华　铁维环　郑长印　王学信　李书厚　马庆发　齐锡岑　杨文波　周　玮

1962届

给水排水专业

王怀德　王俊英　高玉琴　刘国信　吴孟周　李进礼　洪常华　林显才　宗福诚　何祭林　陆纯帅
冯小慧　郝松乔　周景春　胡　健　陈注文　郭立桂　雷一靖　张立威　张世琪　张专兴　张有余
张云林　孙景浩　贡云之　贾六臣　崔瑞英　赵文淼　潘聚昌　赵国瑞　高擎云　王约翰　方兴华
朱铁汉　朱积槐　曲成玉　李志悌　吴玉其　吴良华　刘立仁　周乐英　邹礼正　郝钟祥　梁永熙
马天奚　孟宪伦　姚恩昌　陈照令　张学勤　张锦铭　黄振鑫　康远健　曹秉衡　杨玉瑞　欧阳永
郑爱卿　薛连城　罗家齐　林子希　王珠泽　洪源标　张纯盛　杨培五　葛文宇　张世琦　胡　健
张长光

1962届

供热供煤气及通风专业

杨文波	张维新	辛鹏飞	任贵荣	田惠敏	朱元庆	宋允林	吕长藻	李静英	李宝光	李志广
李中兴	李　勇	阮周明	吴新民	陈　锦	陈永川	马挺贵	余菊香	高振华	郝毓琦	刘金言
郭　敷	郭绍辉	张培勋	张慎取	张天一	黄绪镜	郑钦周	段荣宗	蔡　馥	孙永祥	梁雨华

1963届

给水排水专业

牛二高　王先民　王德中　王瑞芝　曲宝石　李慧玲　李叙权　陈玉樽　宋仁良　何金兰　苏松仁
郑景峰　吴金兰　徐宗起　梁双东　张　铭　鹿芝贞　舒顺元　杨金华　萧淑英　崔培德　董志刚
万蔚杰　申寿丰　田树丰　刘文选　曲田明　吴振怀　何英慎　陈金印　李子招　胥招福　郑玉霞
孙跃庭　马仲姜　张连魁　张立德　黄梅芳　黄润生　杨由山　曹宴松　程锡龄　赵尔恒　赵　钰
赵森有　谢士群

1963届

供热供煤气及通风专业

丁克旺　于渤娟　王玉娟　田玉强　邢苐桐　刘玉敏　李盛权　李忠民　李沛霖　吴乃诚　辛振铨
胡志和　孟庆安　陈　微　金　赢　苏希安　黄　鑫　张殿印　杨耀彩　赵新田　邱　耀　王嘉禄
陈永武　陈钦益　吴士玉　李振桐　逯　军　郭兴仁　黄石水　张士銮　姚奇祥　郝扬泽　周亚云
李介年　李学昆　李俊英　董光武　赵振春　赵继豪　颜达道　韩敬谦　韩自修　魏贻宽　谢汝镛
吴贵益　尉静娴　王守信

1964届

给水排水专业

王仪真 刘连华 刘锡发 刘汝义 平德芳 李学九 李彦芬 李全忠 何国均 林英向 周云生
郑金水 郭书庆 姜立理 孙俊成 徐庆修 徐碧萱 袁　德 高剑明 许元正 黄石良 杨连渠
杨永松 彭会贵 王庆选 方启彬 阮培彦 吕敏行 米书记 李恒蔚 周桂官 迟国基 吴建德
侍广良 林运新 耿兆祯 孙有斌 马建勋 张金汇 张芝园 闫凤处 赵丽君 路振福 杨洪侠
穆文山 谭可涵 谭国尚 窦　柱 李建珊 张建治 谢士群

1964届

供热供煤气及通风专业

王金亮　刘仲凯　白风全　刘景民　吴景业　周伟红　李国雄　李钧怀　李书林　辛成志　朱风俭

胡祖期　侯玉华　常　域　梁伟民　高体勋　马仁璋　黄建良　黄普亮　张莉良　张玉凤　霍光裕

陆饮方　董为刚　刘荫乔　王建民　王鸿献　辛存林　刘东兴　李　平　李　宪　李象景　毕仲仁

郑崇祺　胡云林　崔润洲　殷毓珍　张仲林　张世忠　许开泰　程维福　冯登洲　冯萍芳　杨逢昆

赵成发　黎民望　黄汉池　谢锦兴　郭启尧　钟炳亮　林宗雄　曾辉祥

天津大学暖通专业甲班毕业合影留念 一九六四.八.

1965届

给水排水专业

王兆才　刘树森　韩学增　苏升坚　任秀丰　胡　蓓　刘桂云　苏秉辉　黄次胜　梁宗英　赵模堂

陈乃林　吴邦能　刘玉璋　赵清美　刘国智　付允良　丛爱芬　栗恒祥　刘元进　张春第　王保鲜

卢计永　严松安　刘学会　周德炎　樊文昱　陈水法　蔡志坤　金志厚

1966届

暖通专业

王宪玺　王俊仙　王万增　毛一平　朱于高　刘惠兰　刘昌祖　宋志宽　宋秉润　李庆增　李昆朝
李铁柱　李长冬　林自强　高金署　竺忠孚　张玉贞　张星木　张保海　张孟器　曾继祥　夏冰清
郑纯友　郭正书　韩瑞华　谭家富　啜　斌　孙　元　孙世杰

1965届

供热供煤气及通风专业

刘筱娟 肖凤香 肖书昭 杨恩惠 马丽琴 王占营 黄 华 吴云翔 顾惠芝 赵芝莹 郭瑞琪
刘丽芳 陈树科 雷秉春 张玉明 李国英 张同兴 宋益明 赵兴芸 赵凤喜 石鹤龄 陈从芳
陈永根 李文杰 姜迁举 曾辉祥

1967届

供热供煤气及通风专业

王建之 王智敏 王安梅 王治民 毛革米 刘永前 张华拥 张燕立 张潜忠 安炳山 孙永君
许永刚 闫振声 闫象武 杜玉顺 周风山 周志颖 易纪兴 杨淑英 秦志成 殷孟连 梅容贞
郭崇伟 龚士俊 褚长文 翟君鹗 肖振宇 罗连香 王 刚

1968届

供热供煤气及通风专业

王淑慧 王阿丽 王 奎 王生萍 牛文波 刘志嘉 刘岐威 孙振刚 孙宁豫 孙芳兰 宋光复
胡仕学 何福舜 张中营 李克藩 李国钧 李翠英 詹培琪 徐其轩 袁祖梦 周听仁 范大升
钟 瑜 邹文正 赵三元 杨吉瑞 黄素珍 董宝璋 代书恩 赵湧泉 乔天成 刘汉臣 王重新

1975届

暖通专业（1971年入学）

王大英 包大洲 林明月 林克文 韩 华 商如斌 訾友钧 贾益广 王培韬 左国占 阎永旺
任毓伟 李少东 冯国树 饶惠德 孙敏生 冯云霞 刘桂芬 孙世秀 秦显娥 侯淑芬

1969届

给水排水专业

丁国兴 于思静 于淑兰 王淑华 王　义 王建平 王惟中 井开勋 刘广义 刘学义 刘旭朗
刘孔仓 李维忠 何建国 毕喜成 林金水 陆洪度 张国钧 张金瑞 张晓英 周运生 周光润
周忠群 许新志 郑伯瑞 段良苗 陶鹿鸣 郭唐儒 彭家喜 崔洪在 程彦茹 缪昌裕

天津大学土建系给排水专业64—69级毕业留念 69.9.8.

1969届

供热供煤气及通风专业

王正扬　田钧儒　申春阳　米德彪　刘应宗　刘秀格　刘耀浩　李英德　李小惠　林国仁　周成义
罗昌宜　张廷元　张遵政　张可耀　张纪胜　陈品详　胡瑞英　孟庆田　邸双全　郑五世　姚五岳
郝金魁　高顺庆　赵宗胜　葛文梅　韩玉凤　路士成　杨振计　谢兴旺　聂石林　刘笃炎　郑维民
赵　辉

1970届

给水排水专业

王启山　王印石　王冬花　田庆增　白乃运　孙加合　孙秀兰　张月星　张连山　张振国　吴正廷
邢玉锁　杨志毅　李会一　李秀堂　陈仪平　陈为玲　周鹤麟　苑祥锡　谷连生　郑惠民　姜淑香
郎亚玫　郭　静　郭秀林　常开义　黄仕平　韩国云　韩永顺　付中秀　蒋青甫

1970届

供热供煤气及通风专业

丁淑香 万兴华 王福田 王　毅 王　良 王炳成 刘成中 张藏敬 张大明 张连凤 李久鹏
李平英 李庆洋 马增旺 郝世卿 宋余源 陈立齐 陈生海 胡克恭 赛天有 杨培仲 杨其钧
高慕荣 赵　荣 贾树栩 侯永珍 国梦杰 彭万详 蒋士成 董维降 宋　坚 高　峰 钟魁昌

天津大学土建系暖通专业65—70毕业留念

1974届

暖通专业空军班

蔡建广	过盘荣	曾庆刚	王　信	郑学发	李天昌	石正乾	段洪仁	王玉成	陈　卫	马金堂
刘进修	龙伯华	车达兴	徐惠良	关　振	杨朝东	冯庆义	朱正兴	王振银	胡俊民	周光祥
尚兴华	范大国	曾国泰	徐友浩	许立忠	邵万钧	谢仁寿	王　体	孙积才	周晓军	李德云
王　宏	殷兆义	康全录	熊庆先	何绪能	王阿苗	李恒业	陈永根	徐贵宝	马战英	罗功焕

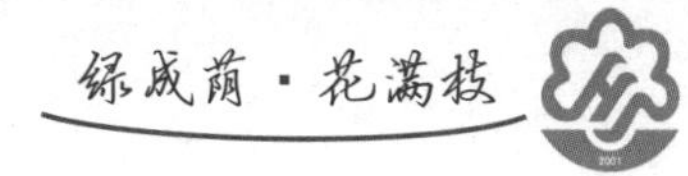

1975届

给排水专业（1971年入学，又称工业给水与废水处理专业）

于克勤　王树强　朱吉全　李宝荣　李凤桐　宋世明　陈贵生　藏天山　史天虎　杨建维　张福德
张瑞明　胡　群　黄　练　赵新华　霍忠友　杨乃珍　孙爱玲　张淑霖　杨立华　冀军英　庞凤仙
张兰芬

1975届

给排水专业（1972年入学）

王满堂　朱国海　刘顺新　高宗芬　彭吉兴　蒋文忠　王玉才　王树松　王锡安　王兰翠　王俊起
代淑英　付树深　付祥生　王振殿　马建民　刘玉珍　刘秀兰　刘兴华　邹以孝　张宝山　张淑琴
张家清　孙守纪　赵林生　杨春华　杨年福　徐　杨　赵忠华　权在泽　季学通　周长文　曹建斌
钟世英　董中民　范桂丽　薛桂兰　薛贤蓉　王钢锁　田学红　杨耀明　张玉志　隋永德　格秀梅

1976届

给水排水专业

王志远　齐继国　刘长海　王金枝　王伟华　王力川　姚春松　胡胜荣　布　和　谢光北　李佩昌
戴建生　常均海　许殿云　席永琪　刘　壮　赵林子　王鸿元　朱学农　霍平平　王伟利　汤玉兰
姜秀贞　宁书华　吴永娣　刘艳芬　陈忠珍　张秋菊　雒泉清　王文荣　王养田　薛英超　范洪敏
杨承伟　王秀山　车勤富　袁万里　晏继新　庞文珊　杨甫建　何增广　吴森林　莫鹏程　丁五禾
王保仓　隋　革　巴高亮　朱文亭　胡德清　郭家有　郑一宁　翟荣生　张软英　包秀华　龚　颖
孙宝春　吴恩华　杨淑雯　韩砚萍

1976届

暖通专业1班

韩津萍 刘继元 徐德化 王津敏 鞠国良 黄志纯 廖新颖 潘渊清 孙孝立 刘 莹 段作礼
于立成 郁 朋 双 全 舒泽焕 李晓云 刘淑文 朱金元 江 骅 张雪帆 佟志权 李惠芳
刁惠新 张志明 周万龙 散襄霞 吴晓萍 王晋元 秦 勤

暖通专业2班

吴 峰 张金玲 王才保 吴振旺 华抗美 胡党生 张文康 李 兰 郭万柱 陈连生 邱颜新
顾新顺 由世俊 赵浩华 刘建平 云瑞龙 霍祖全 朱慧捷 史晓宏 李树基 周领娣 杨作茹
武学文 董素芬 董宝安 赵丽萍 王维英 于淑英 朱和权 巩婉峰

1977届

给水排水专业（1974年入学）

万　娅　王树华　王新发　王桂英　王进畅　朱恩英　余利平　卢彬栋　刘云华　刘宗晟　包景岭
孙长兴　肖明坤　武　涛　陈　陌　陈双星　张振发　张跃满　张力学　张玉生　杨松源　周岳衡
单久峰　高兴田　孟宪忠　景　峯　薛学贤　董鹏修　付　竞　杨庚民

天津大学土建系74级给排水专业毕业班师生留念　77.9.7.

1977届

供热通风与空调工程专业（1974年入学）

于俊生　王伟录　王福生　王荣杰　王如冬　白希俊　付长国　卢建津　刘昆明　刘至忠　刘志文
朱传珍　沈　茹　何建华　李天成　李军林　李观云　李宁虎　李云章　李继贵　苗哲生　高兰茹
高瑞平　杨景舜　张于峰　张建英　秦长荣　陈德喜　姚莉娜　宋四海

1978届

给排水专业

丁云生　王建国　王振元　王淑敏　从月宾　白艳霞　石金秀　田淑莲　刘宗芳　刘茂隆　刘德朝
朱绪书　安颖勤　李绍洪　李光成　李　光　李汉初　吕　斌　陈　东　陈安娜　何治民　吴腊英
沈学良　张连明　张金锁　张庆荣　季　民　范新发　郑连弟　周保海　周淑琴　徐永生　倪　浩
姜选民　党春花　党晓峰　郭永明　辜　静　葛祥源　杨学玓　董广瑞

1978届

供热通风与空调工程专业

马小民 马培生 方宁远 王德智 叶华盛 石莉颖 兰 成 只云波 朱卫红 孙熔帮 孙玉林
阎召太 刘鹏翔 李宝琦 李文英 李言平 李富江 张秀敏 张俊香 张福顺 张瑞年 张俊和
张德法 杜家林 陈庭易 陈庭耀 杨淑琴 岳方亭 罗保忠 杨彦琴 杨世忠 杨连珠 赵继亮
郭怀明 常俊新 诸 华 章学均 葛光明 许忠秋 谢 鹏

1980届

给水排水工程专业（1976年入学）

万忠仁　马百祥　牛　顺　王玉民　王　鸿　任金生　冉舒恒　刘　杨　刘振环　刘志芬　宋哲忠
严德朗　张玉顺　武玉芬　程焕立　杨远东　赵风岗　赵　峰　胡　兰　常　键　黄志光　陶万江
董宝顺　韩文英　熊学彪　王　军　王玉珍　王海洋　石风林　冯习志　刘振环　刘进华　刘庆爱
吴曙光　李朝然　李晓亭　李鸿远　张炳荣　张金雨　张淑莉　张云起　张瑞华　林诗川　林文波
陈德明　陈和平　郝春荣　鲁国富　程小中　龚玉贵　惠永安　曹凤林

1980届

供热通风与空调工程专业1班

丁鸿君　王丽军　王朝闻　王克昌　田文静　孙连城　孙育华　朱　元　朱大钊　朱建国　李　萍
李旭辉　李晓群　刘茂发　邢和平　祁树年　陆忠安　陈静亭　陈林风　张小华　郑中援　周　虎
胡能明　赵彦生　赵志生　赵　彤　徐林秀　董建卫　童永革　周　宪　周凤琴　尚加铢

1980届

供热通风与空调工程专业2班

孔祥安　王崇宪　王胜捷　孙锡文　艾有国　任同贵　李　全　李　威　李松深　谷荣春　杨明光
宋绛雄　张宏海　张士珍　张艳平　张维毅　周凤芹　陆建国　陆津植　尚家禄　宫培美　徐金树
韩志刚　常维新　崔玉贤　雷斗云　熊元亭　熊顺安　么建波

1981届

给水排水工程专业

田永丰 田礼 孙菁 孙元杰 刘建英 刘斌 邢国平 李艳峰 李奎英 李心民 李平

苏德智 陈滢 杨和义 杨晓平 杨百盈 张洪泽 张文坡 金莉萍 赵丰年 赵敏 徐利

高为新 黄振兴 黄建跃 崔文剑 柳宪布 蒋玲 杨宝云 王海升 邢振纲 王宝林 王恩福

1981届

供热通风与空调工程专业

王　颖　王新华　王　维　王　青　叶　鸣　冯冬梅　任绳凤　任国爽　任　磊　安大伟　朱　权
李爱国　吴依辉　陈　娟　陈金发　杨世英　张鲁增　欧广明　郑国强　赵长中　赵金锁　徐安成
徐　鸣　姜如嵩　娄承芝　梁肇起　夏宏毅　黄一村　曹全琴　薛天绣　彭铁成　韩久威　解用达
万　彬

1982届

给水排水专业

朱　峰　朱怀正　陈焕经　王秀朵　王　东　王勤华　王艳娥　闫秉忠　高广永　沈　毅　沈　嫚
李　策　李汉印　李继盛　李照军　徐　容　徐树民　何　河　杜家平　刘建华　刘国丰　刘洁玲
杨秀娜　张宏伟　张　勇　任小庄　马　毅　马　军　马永跃　魏皖平　赵齐宏　黄东辉　车广为
于晓明　萧　红　张　英

1982届

供热通风与空调工程专业

杨仪光　杨艺洁　杨洪兴　何天游　刘桂茂　刘　奇　卢　勋　樊　荣　吴世刚　吴建义　崔辉然
李　程　李　铭　李　建　李思君　吕　建　吕　杰　张　健　张晴源　张少凡　张军工　张世民
张延生　蒋　英　王津利　王洪亮　穆红曼　魏连友　贾志新　徐　敏　付小平　曾　敏　钟　坚
赵　燕　姜志刚　高　峰　郑志明　朱　能　牛　诚　杜铭珠

天津大学土木系82届暖通专业毕业留念 1982年7月8日

1983届

供热通风与空调工程专业

王　钦	王景刚	王立晶	王崇九	邓　洁	方　敏	刘　岩	刘　晔	乔跃明	许志强	杨　光
吕纬式	孙　晶	孙志荣	巨永平	苑中显	李定荣	年　磊	张　健	张　俊	张志刚	张　弢
张志龙	张　瑜	陈晓杰	陈钟强	陆　璋	孟向东	袁开晨	黄乃杰	郭筱莹	谢广波	吴继臣
温培森	滕　力	蔡　钊	柳　毅	盛维亚	魏树刚	王　欣				

1983届

给水排水专业

于鸿刚　王　谨　王召东　王　伟　王　愚　马永艳　尹福明　田　林　田蕴新　刘瑞麒　刘金建
刘越岭　刘志强　吉永戈　李东明　李云林　李秀华　吕洪涛　陈　谦　张　兵　张大荧　张迺平
吴　玮　吴　燕　赵胜跃　施　平　高千才　蒋洪江　杨立新　郑　强　晏　唯　海　斌　侯胜华
蔡可键　魏慧珠　欧阳昌允

1984届

给水排水专业

皮　玻　刘洪海　刘　锦　田一梅　古建国　乔庆云　吕金波　吕　毅　余志锋　杨政忠　束　克

应慕沁　辛志伟　卓照明　郑学敏　段　慧　郭　军　范风申　金　鹏　张书林　陈　喆　陈晓华

赵庆年　崔山崴　翁长春　董佩忠　魏　禾　李玉环　包炜光　霍亦民　徐　虹

1984届

供热通风与空调工程专业

王穗军　史　全　史金艳　刘　毅　孙　明　吕　伟　许　玫　闫宇宏　朱先和　吴学林　李力捷
李　明　李开麟　印大庆　金成镐　赵宇雷　郑建如　杨　华　杨剑雄　杨明利　胡振杰　张少云
张　杰　张　进　张克军　姜　坪　姜　倩　梁少琴　程秋红　黄　一　黄成根　崔　勇　屠传珍

1985届

环境工程专业

丁小薇　孙和喜　王富岩　刘作森　刘佳文　任向东　田为勇　陈广庆　李　飞　李志祥　李　承
闫玉荣　卢　明　杜俊峰　安晓晶　周　虹　吴佐民　许志慎　陈洪云　陈　立　郤琼波　邹晓红
徐文刚　赵恩海　张振涛　张延青　张利平　黄秋生　黄干梁　潘春玲

天津大学土木工程系八一級环境工程专业毕业留念
1985.7.6.

1985届

热能利用与空调专业

于　莉　王　迅　王金凯　王益民　牛瑞明　刘永明　刘朝南　叶嘉明　李　伟　李文康　李　津
李新国　李　全　吕　强　吕凤云　吕学峰　任　伟　宗立华　邢金城　张连栋　张乐杰　张伟捷
张纯安　吴永红　陈　晞　连育群　徐国海　黄海星　翟国冬　盛晓康

1986届

环境工程专业

齐兴佳　齐吉山　刘梦龙　刘延华　刘　荣　刘美玲　衣晨光　付玉柱　冯振玲　朱建峰　吕树光
杜金山　申　蓁　郑克白　林　怡　陈一军　库学斌　李　力　李艳红　李清雪　季　康　杨　凡
杨瑞红　周建军　周　明　张乐坚　张锐锋　张德奎　郭淑琴　黄　杰　盛　钊

1986届

热能利用与空气调节专业（本科）

孙伟军　史明书　刘晓铭　刘增宏　刘天舒　刘殿彪　刘立生　刘荆红　王淑华　朱　方　汪伟石
闫秀峰　张志红　杨　茜　郭惠武　诸　为　潘金绣　阎　岩　关　旭　宋　莹　宋锡勇　陈　鹏
陈　勇　陈树华　何晶明　程　明　罗朝示　赵　鉴　姜启顺　魏玉琴

1986届

供热通风与空调工程专业（专科）1班

丁欣华　王宗蕊　王志勇　孙志鸿　孙金华　任　芃　刘德翠　刘　军　刘　萍　刘　昆　刘淑环
成小龙　李　明　翟慧萍　魏铜钢　李春梅　李育成　李伍立　陆　茜　陆晓东　吴可悠　杜　峰
张　鸿　赵晓东　赵红敏　郑崇强　徐　捷　彭金艳　随　欣

1986届

供热通风与空调工程专业（专科）2班

郝凤朝　杨玉中　汤欣刚　孙宝林　孙成臣　孙　浩　戴留魁　陈继超　王大庆　王家凯　王　卿
王秀全　张　强　张筱平　张继红　张美丽　张培琴　许　可　姚金明　刘志刚　唐嘉华　李百荣
李金妹　包玉文　付　琳　姚　莉　齐秀凤　陈蔚苒

1987届

供热通风与空调工程专业

毛太元　王永萍　王继先　赵茂林　刘春雁　刘卓文　张大鹏　张　晖　姚　宁　姚洪策　杨　勇
潘学富　韩家贺　金梧凤　吴美生　董笑安　黄文珍　何志刚　许志会　杜小刚　李　勋　萧　琦
殷建国　陈　强　罗志兰　祁向东　胡　荣　龚京蓓　谭志清　彭　芳

1987届

环境工程专业1班

王更来　王　欢　王乐川　王国英　王桂英　王艳梅　张孔思　张淑英　张彦相　李　燕　李凤洲
李华棣　李慧秋　赵亚平　刘东方　宋拥军　黄双喜　龚泰石　田　文　杨仙梅　杨　姝　武贵桃
何华平　郑敬民　邓　彪　马进恺　武守元　翟春年　郭　重　顾士刚

1987届

环境工程专业2班

路全忠　骆庆忠　刘勇辉　刘　怡　刘　琳　张雅君　张风嵋　张永光　王宝利　王建明　王玉梅
王　萍　王立辉　罗宜兵　罗建中　罗　丹　黄　谋　苏　荣　周　微　何凤华　杨晓汾　马　欣
李明晖　赵国栋　段志强　贾　亮　冯　罡　原　津　朱玉峰　姜　义

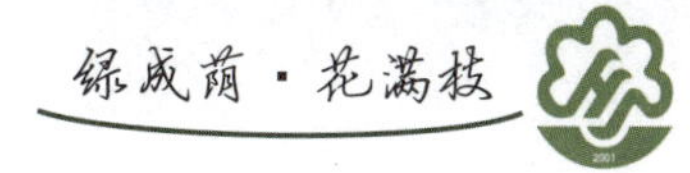

1987届

环境工程专业3班

张　磊　张增印　张津生　刘玉杰　刘　杰　刘　爽　李智慧　王立卿　王永华　于　波　邹　郁
白长忠　武晓军　武　震　孔庆星　赵砚仑　房　宏　时振一　江　岳　吴玉华　马亚男　项立新
叶丽影　姜立安　戴　灵　侯晓俭　刁润欣

1988届

供热通风与空调工程专业1班

王华强　王昭俊　万会敏　马跃田　安　君　刘津雅　刘鹏建　李　羽　李连海　李叙华　李　峰
李　晶　李　媚　陈　珏　陆　春　张厚羽　罗　东　杨　洁　祖兆国　高　阳　袁　军　徐助成
徐博荣　康　清　傅志军　游建华　韩晓东　曹纪军　蔡龙海　魏　兵　魏新洪　李　军

1988届

供热通风与空调工程专业2班

丁　陆　尹振江　王赛华　王　磊　艾忠平　田　琦　孙学锋　孙建强　孙　凯　向　宏　庄怀璧
李　洁　李勇刚　刘玉峰　陈　清　陈子英　陈　阳　陈振双　张铁树　张　维　吴新玉　吴　民
苗建忠　周志华　施　洁　徐向纯　徐　峰　高月华　程平敏　梁梦宽　黄　鹏　蔡志涛

1988届

环境工程专业

么志坚　王玉平　王黎刚　冯　敏　白月芬　刘春平　刘丽生　刘瑞芳　纪　轩　李春阳　李永平
李洁利　何　琳　肖　燃　谷德性　怀肖清　吴有奇　杨蓉娟　张青瑄　张晓阳　张建国　张立夫
张宏伟　张宪新　金　力　姚春梁　侯　钧　郭孟飞　高　东　韩　维　党瑞华　贾　静　曹　洪
李　刚　田继良　王勉忠　李凤洲

1989届

环境工程专业1班

王集浩　王　锋　张建中　张　莉　李　威　李惠清　刘　斌　刘　力　刘　伟　任　军　任栋枝
孙亚敏　孙秀环　陈　林　陈根喜　姚朝梁　姚玉华　邹梦林　姜太文　郑涌海　暴振宇　林　红
徐　斌　谌永红　邢怡文　赵艳通　郭金鹏　蒋立东　董立宏　胡连江　陈艳萍

1989届

环境工程专业2班

王　龙　张根雪　张　茵　张　岚　李龙波　李　岩　赵翔涌　赵书义　赵　斌　魏忠旺　魏宏平
黄辉煌　黄晓刚　黄建设　陈耀革　陈守庆　焦　兵　庞仁龙　孙忠生　武有庆　马晓龙　颜丽萍
龚飞雪　曹俊芳　宋红伟　许桂兰　庄　曼　丁　茜　方文军　沙惠妹

1989届

供热通风与空调工程专业1班

王彦良　王德胜　林　峰　林　泉　郑东文　郑因欣　高宝东　高　旭　张文生　李宇新　刘振华
孙咏梅　何　文　黄卫平　邢　爽　徐　峥　陈文娜　陆旭芝　傅保疆　卢柏春　关立人　苏晋滨
金　辉　郭静涛　姜弘僬　苑艺林　舒胜卫　谭东升　吕善宽　蔡　文　韩　磊

1989届

供热通风与空调工程专业2班

王汉军 王小兵 王　志 方文贤 吕　莉 万雪梅 介　凡 刘晓洁 李英杰 李　原 李　涛
冯　立 赵立华 郑艳芳 高　峰 宋振宏 姚　舸 董长园 黄苏豫 杨振国 杨永生 蒋　文
孔海明 杜　戈 陈　陟 张辛航 张　研 孟笑梅 萧　纹 朱　彤

1990届

环境工程专业

阎　焰　刘　斌　刘世新　刘春海　刘　军　江民钊　董均锋　王艳艳　王　丽　黄彦宏　白学晖
顾志奇　杨雪宫　汪大庆　沈优越　蒋秀荣　邱福强　褚文英　李鸿敬　李远吉　李艳华　李　炩
陈淑坤　周　迅　狄东红　张金梅　张　斌　侯锡银　孙庆植　镡　新　余津山　梁君生　项　平
张　宏　李曦淳

1990届

供热通风与空调工程专业

崔连峰　马荣娟　翟　强　宫德新　刘　健　侯鸿章　王育东　王丽文　冯凯林　袁　哲　关彤晖
石　岩　孙　毅　赵敏忠　赵瑞明　南仁哲　张　飒　张　闯　李学东　李湘凯　李鹤立　许　东
许明轩　尹卫强　杨　红　周　军　靳　怡　肖　武　姜　斌　陈文成　高春英　翁　巍

1991届

环境工程专业

王　斌　王秀艳　王涌涛　文红雷　孔凡冰　丘文涛　冯萃敏　吕京权　张　红　张海燕　张福波
陈　军　陈海涛　李中秋　李传运　何　昱　金　宏　金永民　杨流芳　赵军涛　姜革新　梁允峰
徐　昕　霍锡玉　黄　葵　黄文忠　黄斌彬　隋文义　彭　海　黎　荣　孟　实　陈金梅

1991届

供热通风与空调工程专业

方 波　王 奇　王 铮　王卫红　任为民　刘俊杰　华凤玲　许晓辉　孙丽敏　李 锋　李向东
李庆莹　杜 岚　杜志丹　余红英　宋华奇　张显军　闵强盛　苏 宝　杨 屹　周忆惟　罗洁琼
罗朝晖　侯勇斌　耿 沁　徐剑锋　高志红　黄立武　曹红仁　程 遥　喻立群　熊卫东　蔡柯艳

1992届

供热通风与空调工程专业1班

白云松 陈 杰 陈 凌 方一星 高 剑 龚 健 关峻晖 何铁军 黄虹宇 鞠卫国 寇力锦
李东健 李文瑞 林胜春 刘 冰 罗健芳 邱晓枫 王晓津 韦 力 许 鹏 薛 红 姚明辉
张 阳 张东明 张佳亮 赵 磊 周 强 周 毅 周颖媚 祝 威

1992届

供热通风与空调工程专业2班

曹立宏 丁卫东 冯国新 葛 华 耿俊经 韩文宏 何 凌 贾 磊 李家伟 刘 巍 刘 征
刘树明 鹿占波 孟拥军 谭 炯 王 砚 王 卓 王东升 王峰一 王惠忠 王小明 王心岩
徐 蕾 闫春树 杨 巍 杨 晖 张 喆 张筱英 卓 嬿

1992届

环境工程专业

常江月　陈　栋　崔卫江　高　斌　高树新　侯识韬　黄敬润　江　波　金丽君　李　颖　李　勇
李方芳　李红军　林　玉　林宏志　刘　恒　邵文波　孙　钰　孙晓键　王　涌　王东超　吴　维
吴立波　吴彤坤　伍升高　许春莲　原　毅　原晓莉　张　萍　张洪新　周　涛　周　宇　周　婧
佟　燕　高　峰　肖丽平　李思敏　张　胜

1993届

供热通风与空调工程专业1班

包晓刚　曹　源　陈　谊　董　静　董　旭　方政武　耿　健　韩宇丽　贺瑞风　兰　松　李　莎
李百公　刘　珣　鲁继明　史　维　万　晔　王　菁　巫晓东　习春华　修红建　徐云冲　杨洪海
杨延安　张　晓　钟庆国

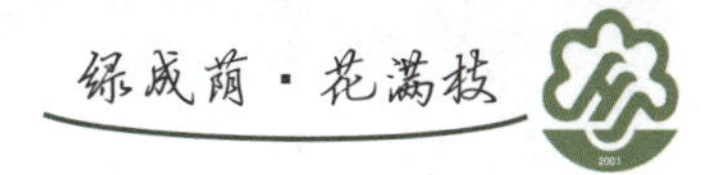

1993届

供热通风与空调工程专业2班

曹燕玲　郭　媛　黄　勇　姜冬平　康　方　李　京　李冬青　李敏霞　凌　正　柳　胜　秦贵棉
史宏伟　檀晓波　王　欣　吴　勇　夏艺革　徐福仁　徐荣晋　徐拥军　杨振超　药建强　尹立增
张春雨　赵　毅　祖彦光　苏　哲

1993届

环境工程专业 1班

陈雄志　甘智蓬　郭福泉　韩亚玲　林英茂　刘　磊　刘　滔　孟祥启　任向锋　任祖昊　沈　越
宋亚文　王　旭　王淑侠　王水中　王维斌　王悦剑　谢善斌　仰晓屹　章　焱　张家珍　张振涛
朱晓娜　邹　平

1993届

环境工程专业 2班

曹铁刚　陈耀辉　翟加君　何　辉　黄雪萍　霍　红　景翔峰　姜慧勇　李　青　李　隽　李宝军
李宝民　李永升　刘建源　刘新星　卢志浩　马　悦　沈　铭　陶卫克　王　兰　王建刚　卫文波
徐冬喜　张玉国　郑宝昌

1994届

环境工程专业1班

刘洪波　陈为民　程义元　丁武斌　盖冠华　贺晓红　姜晓岗　李小松　刘宪兵　刘之林　苏曙聪
汪悦平　王　洋　王胜江　魏举旺　翁永辉　谢锦丽　谢克智　邢　鑫　熊海波　许　帅　薛广宁
杨　晖　周岩枫　朱米华

1994届

环境工程专业2班

陈 敏　陈 宇　陈群毓　陈永焦　翟冠群　董 晖　都永海　郭宏竟　韩 柏　李 明　李 瑾
李进平　李雪明　林 楠　马丹涛　沈方军　汤振勇　王进福　王立军　王玉彦　杨淑英　周胜君
朱德成　宗文杰　王晓晓

1994届

供热通风与空调工程专业1班

昌爱文　常子栋　管宏武　郝　佳　郝　晖　李　昀　凌继红　刘　斌　刘　忠　刘　柱　刘凤茹
刘文青　乔国生　申　研　申晋忠　王少杰　吴　璇　辛国军　曾　燕　张　烽　张　歆　张方遒
赵　璐

1994届

供热通风与空调工程专业2班

邓　凯　樊建强　高建红　高新宇　何强勇　胡兰天　李　岩　李小明　廉　静　梁连涛　刘　彬
刘庆顺　刘松涛　孙晓秋　田海平　万国承　王　凯　王　倩　王国庆　叶天震　于秋海　张　瑾
张　彤　赵　影　赵海光

1995届

环境工程专业

陈思源　崔　岩　郝新洋　兰晓玲　李　岗　李　禾　李　磊　李　亭　林敏亮　罗　璟　罗丁蔚

孙井梅　唐先权　田　晴　田柳青　王　馨　吴宗俊　席兆胜　杨荣华　袁梦文　张国宁　张焕炜

赵树新　郑建敏　郑庆园　郑永健　周林森　陈网青　陈显艺　程　超　崔延峰　高　立　侯中山

胡　磊　黄军飞　姜安平　匡　武　李飞跃　李亚玲　卢传晓　马旭升　钮　静　苏　捷　孙元涛

谭春晓　王红秋　王秀英　王悦章　温　静　武　广　姚晋新　詹德谭　张　鹏　赵迅音　胡　璟

天津大学土木系九五届环境专业毕业留念

1995届

供热通风与空调专业

王军民　赵　健　林　梓　黄　坚　曾维军　李灿华　徐戈辉　南昌洙　张　庆　崔会学　吴俊秋
高兴顺　孙　苹　边　雪　荣　刚　吴　爽　刘志军　高庆生　杨晓敏　谢　岚　费　鹏　贾俊星
张卫红　邢巧云　公衍文　孟　涛　徐建军　刘宁然　熊谲娴　孙雪松　谢彦波　刘　刚　张晓梅
张景林　王　宇　李　杰　胡细来　王少杰　张风莲　张彦国　卢达文　冯　立　方　圆　高　锋
毛立宇　关　健　孙冬梅　刘　鹏　黎　颖　贾利勇　黄庆阳

天津大学土木系九五届热调专业毕业留念

1996届

环境工程专业

曹淑蕊　杜小末　高　波　郭　俊　胡　刚　黄　剑　姜利群　姜　鹏　李智斌　刘　奎　欧焕辉

史宏利　孙　澜　陶　梅　王　利　王　璐　薛　玉　应唐进　张继增　张　勇　周　丹　朱敏洁

白　玮　杜　勇　付　辉　高凤原　韩锦辉　匡志花　李　斌　李小俊　刘　勇　牟旭凤　宋文筠

王玉红　吴　畏　谢　鹏　熊立平　尹　卿　张俊方　赵慧敏　赵　元　智　河　周　炜　宗喜军

1996届

供热通风与空调工程专业

柏　晨　毕宏燕　陈文浩　程亦远　何　涛　胡豫杰　黄　俊　黄湘雯　刘　萍　刘　伟　刘　骥
穆　勇　潘晓阳　尚振杰　沈　力　田　琳　王海英　王吉飞　肖家栋　杨　辉　张劲松　赵　丽
周芳刚　周文忠　陈文浩　何　涛　胡豫杰　刘　伟　田　琳　王海英　张劲松　杜红萍　杜秀敬
何　岩　胡凯凤　黄永浩　金　珂　李建华　李书周　刘海峰　刘慧源　刘　瑞　刘伟国　刘　祎
秦志峰　任　航　史建伟　唐　飞　王　伟　王艳红　王志彬　吴太仲　肖彦良　杨　柳　张立峰
钟　进

1997届

环境工程专业1班

陈　超　陈凡阵　陈淅良　程继川　刁劲飞　胡　侃　李　旺　梁烟丰　廖军卫　刘　岩　罗津悦
骆向萍　马文春　石　燕　孙　瑾　闫　萍　姚庆华　袁大鹏　张　锐　张大桥　朱　震　佟文峰
菀宏英　竺跃武　邱　峰　崔晓秋

1997届

环境工程专业2班

曹银燕　陈春芳　崔　宜　冯景晓　高　华　黄智鹦　李华平　李玉嫦　刘　开　刘　壮　刘志君
罗　虹　穆冬燕　邵志军　石海丰　孙　璐　王　涛　王　文　王建军　王千瑜　徐　军　许朝雯
杨　睿　杨蛟云　张　悦　赵　元　刘丽娜　刘春燕　张　雷

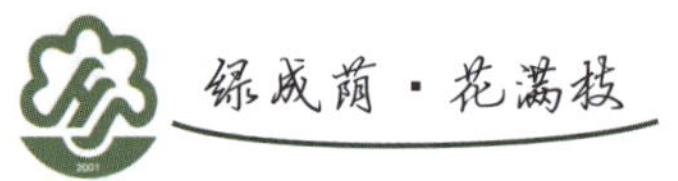

1997届

供热通风与空调工程专业

曹智波　金玉华　康　凯　李　亚　林海燕　刘　琳　刘　珊　刘海滨　刘忻怡　吕卫利　贺克瑾
李艳松　史学宇　淡利勇　王振萍　魏　炜　卫田青　邢　炜　杨池华　杨国艳　杨小龙　曾彰明
张枫容　张洪武　张晓冰　赵　鹏　朱玉本　柴昀梁　程　杰　付　彤　高　鹏　华　灯　冀　英
贾　岩　鞠培荣　柯美娜　李艳松　林　威　刘　晶　刘　睿　陆邵宁　马燕翔　田宝东　王　兢
王　祥　王冬梅　许　刚　薛亚斌　杨　蕾　张建勇　赵彦莉

天津大学土木工程系97届热调专业毕业留念
97.6

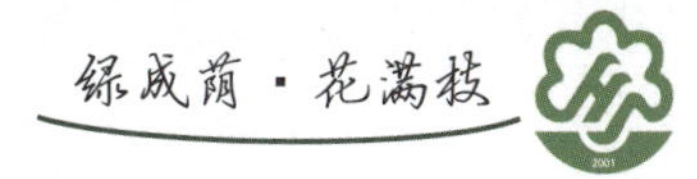

1998届

供热通风与空调工程专业

刘　兵　眭建国　别传佳　迟　艳　高　林　李怀娟　刘　欢　刘　丽　娄　刚　骆　敏　史学增
孙　毅　唐君辉　涂岱昕　王小虎　王　毅　吴　蔚　吴　燕　薛　山　杨文帅　张　键　张江涛
宗　杰　陈婉君　董　燕　段　鹏　段　旭　郭燕霞　桓　丽　鞠迎修　李　庚　李沁如　刘艳玲
陆海燕　庞剑锋　马　欣　舒华铭　王　旭　王勇利　叶莲祥　于海涛　余　健　张　嵘　张剑平
张志远　赵文雨　闫　冬

1998届

环境工程专业1班

艾中秋　樊在义　付永杰　郭东敏　韩桂花　李　俊　李长洪　李广魏　刘继先　刘晓强　倪　静
裴若婷　齐　奇　邱明明　王　阳　王东风　王剑青　熊和红　颜　玲　殷　珂　张国军　张洪海
周　颖　朱兆文

1998届

环境工程专业2班

毕 源　陈 鹏　段土伦　何 倚　黄红霞　晋 荣　卢 杉　卢燕玲　吕赫男　米宝霞　宁 冰
申毅蓉　汪 泳　王 亮　王 暄　王丽娜　王珂熠　尉家鑫　吴勤成　张 丽　张 亮　张梦超
赵 勇　刘英梅　崔晓秋

1999届

环境工程专业1班

孙 鹏 戴雄奇 丁英峰 杜 心 冯 静 高明山 贾 悦 李 鸿 李庆辉 李瑞成 林 蔓
刘学莹 牛志广 宋瑞平 陶如钧 邢建军 杨 霞 张 强 张 颖 赵月炜 仲崇川 周神为
周 炜 闫明星 王松云

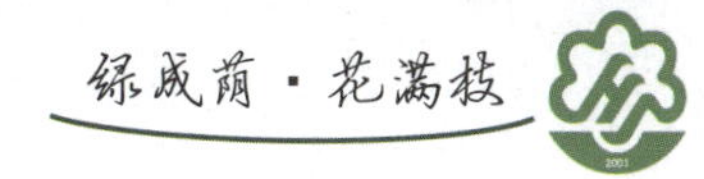

1999届

环境工程专业2班

边　靖　陈　锐　丁述志　龚少华　何加新　贾海鹏　蒋　敬　李　静　李思扬　李玉红　李志强
刘锦霞　马　军　马文滢　潜飞宇　邵　忆　王　瑛　魏新庆　卫一鸣　吴昌敏　谢天水　杨大春

1999届

供热通风与空调工程专业

王　雪　戴　兵　侯子龙　黄　昊　贾　婷　林世福　林　迎　马德刚　马　锐　王怀良　王　晓

武　晋　杨　波　杨　林　于龙妹　张文娟　张怡南　赵欣刚　赵广利　覃振东　杜伟杰　陈　焱

段健柏　范　嵘　宫喜龙　胡　兵　黄弟顺　贾晓青　蒋　薇　康　懿　娄小军　马　程　买　越

曲友立　王　晋　于　东　张力闯　张双武　甄素霞　祝秀娟　井　治

2000届

环境工程专业1班

赵河立　毕明云　陈慧洁　陈练军　陈若宇　黄静　简丽　李琼　李征　李琛琛　刘锋
刘剑　刘宪　谭丁　田广　王斌　王宏　王健　谢富强　薛松宇　杨涛　姚晔
余海晨　张江朝　赵海鹰　郑伟　佟海燕

环境工程专业2班

成玉　程妤　付学家　高诚　黄平　蒋凯敏　李慧　李茹莹　李有根　李铮　李芳
马莲　穆盈　宋山城　夏文辉　徐娟　徐亚鹏　袁伯威　张艾星　张亮　赵鹏　郑利生
郑平萍　钟玉华　朱惠开　陈明灼　李鑫　陈旭

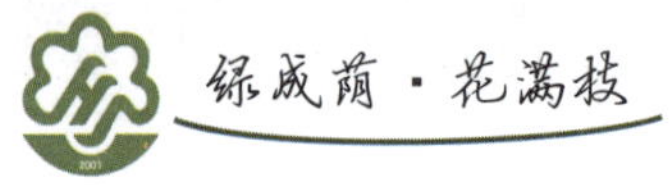

2000届

供热通风与空调工程专业

柳金松　邓　娜　董　磊　范树宏　葛柳平　郭春华　郝　亮　郝　鸿　李瑞新　李晓梅　李小东
刘　寒　刘　强　罗　英　马海竣　祁　峰　曲秋波　申　剑　宋晓雁　温新华　吴勇中　徐红伟
杨　斌　杨筱梅　赵跃光　郑晓羽　王　飞　王贵宏　陈　进　陈晓莉　邓昀锋　巩增友　黄　磊
黄进华　李林洲　李小华　倪先茂　孙汉松　孙士坤　孙亚杰　檀　殷　田　雪　王广宇　王　宏
王　伟　王向玉　吴　江　徐军杰　杨东旭　姚红娥　张　芳　张　阳　张子星　赵云明　王　晋

2001届

环境工程专业

张　宇　迟海燕　崔　英　何　宁　胡菊平　胡文力　黄海耀　黄　稚　蒋海波　李学民　刘清江
刘　星　刘　洋　刘　烨　吕　英　彭　栋　罗　婷　齐　丽　沈　旺　宋小鹏　孙丽娜　王本洋
王　仲　谢丽清　杨荣国　张　丽　周　莉　张大为　武照远　王　鑫　王　珂　王　亮　王　坚
索敬瑞　孙天冲　牛　刚　孟　博　马　越　刘志娟　刘静文　梁文松　梁　浩　李　霞　李绍飞
李发展　兰景元　郝爱玲　郝　冀　高飞亚　董　晶　崔传军　陈先华

2001届

供热通风与空调工程专业

何　蛟　柏　婧　蔡　杰　戴　颖　冯　昕　黄　晓　黄红专　姜　军　焦　波　金　楠　李　顺
李永祥　刘　沛　刘　洋　刘骁婵　吕吉伟　宋明理　王　翀　王　佳　王莉莉　王刘平　王永红
姚赵龙　袁哲宁　张爱华　赵庆双　朱　莉　朱宏浩　王　伟　陈　亮　崔　琦　董践潇　范福渠
方清胜　富建鲁　关宏波　李　静　李　晴　李双林　李中令　林　晟　路世昌　马贵庆　孟翔宇
潘玉勤　荣　鹏　苏　文　田　铖　王　乐　王永立　肖　虎　姚　远　佟　杰　赵　刚

2002届

环境工程专业1班

林天强 陈锡剑 程　鑫 丛　娜 窦鹏斐 刘晨光 刘　涛 刘耀璘 鲁　帆 吕　涛 骆　欣
苏　潜 汤银兵 唐　弢 田　菲 王　健 王　蕊 王志丹 夏　春 徐　捷 杨祝平 于利冬
张　斌 郑美清 郑湘君 郑　奕 朱　珂 邹其琦

环境工程专业2班

董开慧 张文哲 安　斐 陈　明 陈伟华 崔　熹 董丽华 谷　林 缴　楠 李国金 李庆丰
李小锋 李　莹 刘　华 刘　骥 刘　卫 刘　园 路　鑫 马宏鸣 马乐宁 苗英霞 王　灿
王红莉 王红禹 韦炳鳌 吴裕宏 叶显昕 尹　建 张　旭 张　颖

2002届

建筑环境与设备工程专业1班

丁世明　窦　玉　高　贵　高　伟　金　明　李跃文　梁桂志　刘　强　刘晓海　刘秀婷　刘彦诚
卢炳春　宋国军　王　斌　王　刚　王高飞　王灵彬　王　宇　吴伟涛　夏　颖　许锋飞　许青云
叶宏义　张翼飞　赵宏侠　郑　昕

2002届

建筑环境与设备工程专业2班

陈　斌　边兆梅　浮霄菊　郭海燕　国　霖　黄　萍　黄勇波　季文君　贾宝强　李艳菊　林晓丽
罗颖昕　曲东阳　沈　禹　孙冠一　王　斌　王　钧　王晓光　吴　鹏　杨　方　余　波　院国梅
张　坤　张小云　赵　兵　赵立辉　赵忠德　周传勇

2003届

环境工程专业1班

李海龙　宋　涛　安　君　白昊阳　董　彬　归　强　韩冰霜　胡国付　胡新建　霍　贞　姜少红
李小冬　廖　静　刘凤君　刘淑华　罗南海　宋晓静　王　彬　王品才　王　煊　王亚炜　王彦越
吴迷芳　徐明秀　杨　虹　杨　焕　杨　战　阴　亮　岳　琳　张　海　张　乐　张微尘　赵　洁
赵　珂　周尊隆

环境工程专业2班

张云程　白　娟　陈黎明　崔娇娇　杜惟玮　范　杰　黄　宇　孔凡一　李世民　利　莉　刘立斌
刘学欣　孟　涛　穆　迪　潘晓岩　彭　森　石　靖　陶亚静　屠小峰　王海香　王佳涵　王倩怡
王自强　魏敏捷　魏　巍　许文静　杨文旭　叶湘飞　于　婧　张建民　赵　辉　赵普生　周　欣

天津大学环境学院2003届环境工程专业毕业留念 2003.6

2003届

建筑环境与设备工程专业1班

常 邈　单希玲　高 旭　郭成升　姜振华　李 刚　李 晔　李 智　刘 冬　刘牧星　孟令欣
孟 威　莫琳艳　屈振兴　汤学永　唐艳滨　田利伟　王 亮　王璞瑶　王 琦　王微微　王志强
武 磊　肖 铁　杨 樱　于雅泽　张焜勇　张 蕊　朱俊德　朱尚龙

建筑环境与设备工程专业2班

蔡佳良　崔冰冰　郭伟萍　韩雪飞　何 云　李 悦　李忠实　林 泽　刘俊松　刘 珂　刘 莉
刘 睿　吕 茵　宁芳永　乔 锐　时春波　孙丽婧　孙绿乔　王 宁　王 芃　王宗超　韦 伦
魏 灿　文 航　徐 驰　徐 静　于笑飞　张 阳　张远航　周子扬

天津大学环境学院2003届建筑环境与设备工程专业毕业留念
2003.6

2004届

环境工程专业1班

才　鹏　常鹏飞　陈炬锋　冬晓群　高贵全　高文亮　黄明娜　黄勇超　李琳琳　刘付亮　刘　昆
刘磊磊　刘　杨　刘　莹　刘志阳　马　睿　彭金利　唐　剑　王海燕　王　辉　王　杨　王　英
吴　峰　吴兆晴　邢　雯　杨　波　张　磊　张　翼　赵美姿

2004届

环境工程专业2班

陈夺峰　陈文峰　李　飞　李　芸　刘　畅　刘国良　刘建阔　卢　姗　马　颖　邵敏慧　宋光武
谭　浩　王　迪　王苗苗　王　爽　吴　丹　吴文君　武若冰　杨　荣　于　冰　于成龙　于丹丹
喻　青　袁春燕　曾愿彬　张昌盛　郑　辉　周雪玲　李　闫　武文龙

2004届

建筑环境与设备工程专业1班

陈德玉 陈 权 韩 刚 郝 蕾 姜 华 雷 昊 李 昂 李 红 李 伟 刘 铭 刘 涛
马文超 牟笑迎 秦 伟 汪磊磊 王 斌 王立强 王 琦 王新洲 魏 远 颜蓓蓓 杨楚鹏
杨尚一 杨 阳 张 冲 张 毅 赵宝明 赵 欣 郑 暐 刘唯广

2004届

建筑环境与设备工程专业2班

蔡建军 程　鹏 郭文明 郭友伟 黄　超 贾安林 李　晨 梁立双 卢　灿 裴晶晶 田进冬
王　晨 王洪兴 王克勉 王　萌 王雨萌 徐燕妮 徐国春 杨　沫 杨天麟 杨　燕 易守亮
张　慧 张　鹏 张　涛 张小明 张亚利 赵　薇

2005届

环境工程专业1班

岑　敏　冯娅娟　高　钦　耿颍辉　郭　琦　赫　彪　李　睿　刘书娟　孟祥磊　潘志颖　沙之杰
邵长亮　孙亚锡　佟　洋　王丹丹　王　琦　王伟锋　危　斌　徐向东　张　凤　张　昕　张　莹
张云霞　郑　隆　周海燕　周金峰　周　媛

环境工程专业2班

曹天祥　曹月波　陈中智　杜　伟　冯　锴　韩小龙　胡圣文　雷　兴　李　华　李　俊　李世光
李婉晴　蔺吉瑞　刘茂杨　刘万宏　陆彩霞　骆碧君　莫春微　南君勇　任宏艳　田俊梅　王维海
邢　锴　杨丽丽　杨　拓　杨　毅　杨　勇　张　鋆　赵　荣

2005届

建筑环境与设备工程专业1班

冯林鑫 付登锋 甘军华 姜玉萍 李 莉 李 赛 李 想 李 昱 李 哲 吕 元 马福多
潘 黎 邱 静 史 妍 王 波 王焕海 王继伟 王继永 王 蕾 熊 珂 徐 斌 徐诗帆
杨正宁 姚 远 于建伟 张寒松 张 梅 赵 磊 仲 祺 周盛峰 马咏霞 吴 然 陈寿生

建筑环境与设备工程专业2班

毕传丽 陈 晓 董美丹 冯晓雪 付振江 韩 剑 李德智 李 颖 李 哲 刘 玮 马 健
齐瑞颖 王兴安 王 杨 吴越超 谢真微 闫 辉 闫 玥 杨 昭 于恩禄 张 皓 张甲雷
张芸芸 张志辉 章学春 赵 靖 周晓洁

2006届

环境工程专业1班

戴雯娇　董慧峪　付海强　高云霞　胡　俊　李　超　李克亚　梁　迪　孟宪禹　牛　磊　彭晨蕊
宋　婷　隋鸿志　王　鼎　王　蕾　王新亮　王鳌然　谢　勇　袁晓宇　袁　侃　张迪宇　张志平
张　薇　张　璐　张　晗　张　睿　钟梓洁　朱怀涛　热依汗古丽·艾拜都拉

环境工程专业2班

李夫操　杨晓帆　白　娜　毕薇薇　陈利成　丛　俏　杜艳梅　高　歌　郭岚风　李　曼　李　鹏
李　涛　李文昊　李　洋　林　涛　刘　畅　刘　爽　芦汉超　齐　帅　汤萌萌　王　祎　杨　东
杨义亭　姚　莹　易　琳　张建芳　赵鲁华　赵贞地　赵　菁　甄旭歌　朱冠楠　甫拉提·吐尔逊江

2006届

建筑环境与设备工程专业1班

王　瑾　曹维君　董凤艳　杜　晓　范婷婷　高　磊　郭天子　郭延育　李春阳　李　秋　李杨洋
刘敢闯　吕荣亮　马　群　田　颖　汪乾森　王光平　王　乐　王培培　温文涌　许媛媛　杨　涛
叶　琳　余　琼　张　帆　张　翀

建筑环境与设备工程专业2班

冯朝琦　郭春生　何信旺　姜　婵　雷　龙　李利景　李　帅　李文燊　李晓锋　李　瑾　牟　宇
盛　颖　苏　頔　王海东　王瑞鲲　王　楠　魏莉莉　吴　洁　徐自坚　许　凯　杨　铭　杨筱静
于小天　张　甦　张　磊　张瑞明　赵　伟　闫　言

2007届

环境工程专业1班

柳　宾　陈国楳　翟亚卓　丁莎莎　丁　维　顾　凯　黄晶晶　姜　明　李　恒　李燕南　林卡娜
林　晔　刘世德　刘昊天　罗　艺　苏　瞳　孙　磊　孙　欣　王乃琳　王荣川　王宇光　吴　雪
杨　靖　杨　扩　姚　艳　张　丹　赵焕发　周冬冬　寇艳丽　勾　平

天津大学环境科学与工程学院2007届本科生环境工程专业甲班毕业留念
2007.6.28

2007届

环境工程专业2班

次　央　戴　嫱　翟　炜　董　刚　范　鹏　韩　伟　韩　丹　韩　蕊　何洁铭　李超慈　李贺元
李晓东　刘　洋　刘　宇　毛适博　王伟波　吴　穹　邢美楠　杨　迪　叶　浩　游　佳　张　珽
郑　君　周丽霞　栾惠子　沙　磊　李正晖　令狐丹丹

2007届

环境工程专业3班

邓金颖　冯　笠　付　敬　何　攀　何　随　李　欣　李玉涛　林　峰　刘冠男　马若凡　史志奇

孙毓铭　王彬蔚　王琳璐　王玉洁　王　昊　魏　迪　魏云敬　邢吉龙　熊欢欢　姚　欣　袁　昱

袁　甲　张怀东　张　旭　赵　萌　赵妍婧　闫荣华　陈　芃

天津大学环境科学与工程学院2007届本科生环境工程专业丙班毕业留念

2007.6.28

2007届

建筑环境与设备工程专业1班

罗梁生　曹皓为　陈晓冉　陈　琦　高　朋　黄佳佳　姜明秀　黎振华　李　鑫　梁　磊　刘　超
刘魁星　刘世超　刘星志　龙禹雨　芦　瑶　吕萌萌　孟祥超　邵　华　孙家丽　王晨晨　王　凯
王永然　王　芸　许　莹　杨丽君　赵鹏生　赵　鑫

天津大学环境科学与工程学院2007届本科生建筑环境与设备工程专业甲班毕业留念
2007.6.28

2007届

建筑环境与设备工程专业2班

陈　宁　丁　研　董守乾　黄金美　姜　舒　李　鸿　李晋秋　李　猛　刘安邦　刘崇辉　刘　彤
马文朝　孟　甲　王　凯　王　帅　王云清　王　钊　于　洋　于　淼　张思齐　张　婷　赵　蕊
赵　洋　周晓军　滕　飞

天津大学环境科学与工程学院2007届本科生建筑环境与设备工程专业乙班毕业留念
2007.6.28

2008届

环境工程专业1班

巴 桑　陈彦熹　成国栋　程磊落　崔 丹　冯 爽　符辛竹　桂小宣　黄双哲　李园园　梁文坤
刘 杰　刘 尧　权 威　尚雅君　宋彦青　王丹妮　王能宝　王 锐　王 爽　王一渌　许 津
张海洋　朱立鑫　芮琳娜　胥志宇　勾 平　徐 博　艾合买提·玉素甫　康威雷司　尼玛玉珍

环境工程专业2班

蔡晓玮　董 蕊　冯殿雄　冯丽霞　高耀寰　韩 刚　何 滨　贾 能　姜天凌　姜重阳　李 海
李 玲　廖丽丽　刘家节　刘 洋　陆 超　苗 鹏　牟 洁　宋 超　陶金成　王晨晨　阳习龙
袁沛子　张晓凤　张 瑛　赵玉敬　赵 菁　周 锋　朱萍萍　赛力克·布拉提

2008届

建筑环境与设备工程专业1班

李乃恒　常欣欣　陈雄兵　陈云鹏　丛　森　董建征　韩贵媛　寇希望　李春茹　李　明　李玉波
刘松臣　刘　昱　龙　鸣　宿春晓　孙　莹　王海涛　王贺锋　王路涛　王征宇　徐　宁　徐维兴
杨　肖　袁增亮　张　诚　张传龙　张　丛　张海桥　周乐乐　赵宇政　王玖青　次仁琼达
卓玛次仁

建筑环境与设备工程专业2班

孟丽君　曹　勇　陈　霞　陈信鑫　陈　奕　郭　颖　韩　冷　郝连虎　霍雨佳　焦　凡　李博佳
李永杰　马珊珊　钱光华　王　宁　王晓妹　吴海涛　吴月石　吴照国　谢江川　许艺潇　杨　博
曾　帅　张　群　赵　越　周慧鑫　邹　扬　闫富日　孙绪华

2008届

环境科学专业1班

陈青青　董　浩　李红霞　李　莹　廖红英　林　菲　刘雯雯　梅弘毅　孟　旸　孙丽艳　王玉玲
徐朝阳　徐　慧　许　涛　杨　溢　张丹丹　张　鑫　周新龙　邹引亮

环境科学专业2班

安珍珍　陈　娇　童慧楠　冯綮一　侯明相　侯英杰　兰紫娟　李　荣　李婧祎　牛原野　彭军军
宋　蕾　王跃坤　于阳春　袁建东　曾　倩　张　瑒　张秀涛　朱玥琦

2009届

环境工程专业1班

底　坤　陈　彦　樊春鑫　胡宏伟　黄耀坤　康　杰　李劲亨　刘新媛　刘一斯　刘肇珩　刘　倩
苗　楠　潘　琳　冉　璐　苏　强　王合艺　肖　强　徐　倩　阳立倍　余　萌　张世奇　张艳丽
张　洋　张馨月　周　璇　朱　丹　朱　莹　魏琼琼　巴桑曲珍　沙黑古丽

2009届

环境工程专业2班

陈雅琼 郝建树 李树青 李文洋 李 岚 李 楠 林 琳 刘 洋 刘 颖 马 瑶 倪安霜
秦愚硎 申 敏 施人莉 史德军 王 硕 王 姝 夏 婉 宣圣吉 杨 琴 杨 婷 袁 野
张 维 周 悦 朱 玉 黎 兵 艾克然木·阿不都热西提 白玛旺堆

天津大学环境科学与工程学院2005级环境工程二班毕业留念2009.6.9

2009届

建筑环境与设备工程专业1班

董　蕾　李国富　李浩然　李　婕　李　楠　刘小胜　卢晨宇　饶　博　任建凯　涂玉芬　王　琳
王　焱　闻济舟　辛亚娟　邢希彬　杨晓晨　杨芯岩　杨　志　余振兴　张　晨　张　扩　张　潇
朱孟鑫　姹　润　刘　炜　卢　祎　边巴次仁

2009届

建筑环境与设备工程专业2班

范君辉 方 琦 付龙兴 高 煜 黄远珊 刘 超 马 斌 牟 璇 任 君 尚 卫 孙 佳
王洪磊 王 晶 王素玉 王 异 武力男 信 任 叶善挺 于洪浩 张红玲 张 萌 张岩琛
赵 妍 刘 伟 刘 佳 商 靓 旦增达吉

2009届

环境科学专业1班

包呈敏　戴　夫　唐文洁　田　阳　童传琛　王辛影　王絮絮　吴天彧　肖　靖　杨　瑞　易腾飞
游璐华　袁　梦　袁淑方　赵　珅　赵　闫　周　超　佟文婷

2009届

环境科学专业2班

陈思捷　郭江泓　郭　鑫　和夏冰　霍春玲　金菊香　李文宇　刘永虎　孟　金　邵　潇　童银栋
王若男　王少博　徐　凡　杨进喜　袁时安　张笑千　张　宇

天津大学环境科学与工程学院2005级环境科学二班毕业留念2009.6.9

2010届

环境工程专业1班

陈雪丹 杜江 杜振峰 樊晓雪 高力 金崇 兰骧 李娜 李志超 梁慧 刘新瑀 刘頔 马姗姗 欧阳英 潘碟雷 王全震 王拓 严冰 杨阳 殷殷 张高嫄

环境工程专业2班

陈伟楠 郭洪娜 何啸 纪晓磊 李晓娟 李雪 李妍 刘海洋 刘磊 刘永盛 钱姗 孙鹏 孙政鸿 王郭城 王予 徐晓宇 张晓斯 张扬 张滢 张楠 种盛琦 周强建 佘云云

天津大学环境科学与工程学院环境工程专业2010届毕业生合影留念
2010.6.21

2010届

建筑环境与设备工程专业1班

张斗南　迟　路　何　毅　曹晓东　常娅娜　陈高峰　陈　思　陈思超　崔德振　崔　萌　韩冬丽
韩　龙　贾　媛　姜晓红　江崇旭　李俊龙　刘小林　刘宗江　路　裴　石　佳　苏　蒙　王照民
王　皓　吴瑞波　谢燕萍　薛　鹏　杨卫肖　杨跃武　刘云翔　央金拉姆

建筑环境与设备工程专业2班

才　宗　丁　锐　樊脱飞　高　晶　韩婵娟　胡　婷　李美玲　李友莉　沈　忱　王冠男　王晓东
温　强　徐　鑫　杨立朋　余有角　张瑜娜　赵　玥　赵　睿　晁江月

天津大学环境科学与工程学院建筑环境与设备工程专业2010届毕业生合影留念
2010.6.21

2010届

环境科学专业1班

陈浩然 程　曦 东国斌 方益清 郭俊杰 胡志超 李青华 李　楠 刘兴淑 刘　瀛 平　凡
屈连松 孙德升 王洪梅 王　兴 王艳红 徐忠权 杨姗姗 章鑫露 张建宇 张若纯 张志洁
张　姝 郑　涛 钟　锐 褚华南 覃弘韬

环境科学专业2班

陈　露 方东明 高津京 郭晓宇 姜立萍 李　骋 李鸿伟 李　天 李　倩 刘　津 吕佳芮
马大鹏 马　凯 孙雪梅 王　政 王　珏 于凤强 张　博 张毅丁 郑杨平 周　倩 宗燕萍
佟慧妍

天津大学环境科学与工程学院环境科学专业2010届毕业生合影留念
2010.6.21

2011届

环境工程专业1班

陈　萍　耿　雪　郭玉章　靳向丹　梁卫泉　刘　威　刘云洁　马　波　彭　来　申丽芬　申　峥
石　璐　宋彤悦　孙　骞　孙　姣　万　鹏　王　屴　王恩亮　汪诗博　王　雪　王亚年　杨辰伟
杨　蕾　张　曜　赵　博　赵金文　赵　娴　朱　林　祝　赫　张焕鑫

2011届

环境工程专业2班

曹天宝　樊　强　韩冰冰　李岸娟　马少波　祁　军　史昱骁　舒宇彤　苏应龙　王汉逸　王江海
王晓晨　王熠宁　吴　越　颜廷文　杨　昂　尹　兵　张阔辰　张　伟　张幸嘉　张　莹　赵玉峰
周　芳　周雄伟　周　昕　谌心怡　褚明兴　徐光远

天津大学环境科学与工程学院2011届环境工程专业2班毕业留影
2011.6.20

2011届

建筑环境与设备工程专业1班

陈鹏南　陈　轲　旦　增　董　超　杜　嵩　李洪强　李　帅　马浩凌　孟　硕　齐　越　史美琦
史新立　孙照华　王　祎　王东博　王　晗　吴晋兰　许　健　薛　雨　余作林　张成龙　张家瑶
张淇淇　赵　辰　周　峤　朱春光　朱思倩　诸川海

天津大学环境科学与工程学院07级建筑环境与设备工程1班毕业留念
2011.6.20

2011届

建筑环境与设备工程专业2班

曹小语　陈若曦　陈晓宁　陈　婷　代喃喃　冯壮波　付　强　郭振远　郝立威　贺　强　李　萌
李文朝　刘明超　马珮窈　孙傲譞　田　栩　王鲁平　王子龙　徐璐祎　许　昂　杨　光　阳　春
尹利金　于　龙　余　超　张晨曦　张　寅　卓彦彬　佟冠春　齐　特　王占山

2011届

环境科学专业1班

鲍士龙　曹　勇　陈嘉懿　陈　怡　戴　维　刚代霖　郭　华　何亚兰　李东哲　罗　骏　任　婧
宋晓峰　温世超　吴颖颖　曾　强　张　佼　郑　义　吴　杰

2011届

环境科学专业2班

葛　亮　苟朝阳　何　彧　黄晓坤　蒋旭涛　李静怡　李俊杰　李文秀　李亚亚　刘　鑫　鹿国友
孙大鹏　王奕蛟　夏诚刚　喻　鑫　张水军　汪苡丞

在校本科生名单

2012届（2008年入学）

环境工程1班

陈天琪　丁晓云　龚克娜　纪宇亮　刘进　柳盼　陆义　马牧野　宋存克
苏溦娜　王超　王然　王晓龙　王晓欧　王姝　吴昊　夏龙　肖敏如
杨帆　张金　张之文　张婧　张雯　郑慧贤

环境工程2班

翟君　葛珊　郝小旋　柯忱　李檬　李思远　林伟强　刘豹　马丽娜
孟露　宋薇　田川　田宇　涂佳敏　王若为　吴健　熊小兰　杨文君
张练　张黛蕾　赵晴　赵隽鹏　郑博一

建筑环境与设备工程1班

杨洪涛　曹旸　畅文涛　陈章　洪玉阳　侯岩　简亚婷　李了枫　李轶楠
李晗　廖神海　刘静　刘灵冰　孟翔飞　任键林　孙丽萍　王昊斌　谢强松
谢宇凡　尹德丰　尹力　余洋　张莹　张运　訾聃　扎西卓嘎

建筑环境与设备工程2班

曹冠朋　陈登志　单晓端　耿建　黄希敏　吉梅　靳雪莲　李朝位　李仁朝
刘树章　刘宇　马玉恒　王伟　王雅然　吴廷婷　邢梦　徐培璠　杨朝婷

叶舒扬　殷　悦　尹　超　于海月　张得清　周传淞　周伟业　闫凯锋

环境科学1班

陈俊杰　杜卓菲　贺　蔚　金川辉　李龙彪　梁文涓　宋伟男　苏　欧　汪　岚
王炳楠　王　娟　王梦姝　王文杰　王小雨　于洋业　周学龙

环境科学2班

陈美超　陈小明　胡祥龙　李宝琦　李　洁　李洋阳　刘　超　刘　航　王　瑞
王　昊　武宝珍　肖　杭　徐丽丽　杨舒奕　曾怡杭　章　航　张　哲　朱亚东

2013届（2009年入学）

环境工程1班

陈育超　鲍　青　常　田　陈　明　傅乐辰　高　超　黄　豫　蒋博龄　刘世泽
刘　伟　刘星飞　罗晓楠　钱婧婧　王晶晶　杨沛之　曾馨平　张铭栋　曹　军
崔亚婷　高文静　郭奇科　何大勇　罗泽江　马　晛　屈阳欢　孙　霄　章宇东
张博源　张维秋　赵鹏程

环境工程2班

曹中杰　陈　瑛　方洪伟　郭宏舜　韩琳琳　胡作鹏　蒋兆湘　李　想　李　阳
凌　莉　罗志逢　彭雪晴　齐文放　屈天直　石　昊　王　彤　杨　宁　杨晓杰

杨骁枭　张　洁　赵加斌　车　倩　杜明勇　罗奕淦　韦力铱　徐尚源　薛玉静
曾青山　张亚慧　朱新蕾

建筑环境与设备工程1班

李自奎　崔　浩　高　帅　侯跃飞　黄亚生　鞠　阳　句俊玲　李先鹏　李星亮
李玉兴　梁宏博　马志骁　施　桢　帅　帆　王　冰　王汉旗　魏东伟　叶　薇
张祥锋　张一弛　张　骁　祝　鹏　奚家玉　闫　妍　洛松江措

建筑环境与设备工程2班

曹　璇　陈亮宇　陈志炜　冯　彬　傅　宇　郭德恒　焦守磊　李晨玉　李金洋
李梦鸽　李欣凌　李元辰　林晨怡　宋　阳　王健博　闻岫鹏　杨宾雁　杨致远
于文宣　张　萌　张铭轩　张旭辰　张宇叶　周　翔　朱荣晨　朱学良
扎西邓珠

环境科学1班

崔源远　黄梦琪　宋文杰　王霓婷　王媛媛　陈潇潇　郭宇鹏　康渝翔　黎　蕾
刘伟明　罗俊俊

环境科学2班

单雨萌　侯　倩　刘　茜　翟　喆　顾　闻　韩圣男　焦一博　李家琪　刘叙豪
彭跃暖　王林媛　杨宏扬　诸葛明洋

2014届（2010年入学）

环境工程1班

丁立群　杜玉洁　李　轲　宋雅荣　王帅锋　王隽杭　徐　阳　郑文博　郑心怡
高佳祺　林杨杰　刘　畅　王艺璇　吴　璇　杨　媛　周昕怡　成　龙　范方舟
高　波　兰　千　李志静　王兴华　武耘羽　程雪婷　张凯翔　张奇琦　张云帆

环境工程2班

陈　凯　黄新皓　蒋　杰　李玲君　李楠楠　谢　帅　张天昊　赵初阳　段浩然
贾　晗　李　倩　卢玉迪　陆　凯　宋思文　杨　云　瞿琰菲　陈春榕　邱　叶
王　凯　王妍琳　魏佳虹　袁伟昌　周亚男　黄楷昕　周丽莎　周子凯　朱思瑞

建筑环境与设备工程1班

曹　健　陈晗烨　程梦圆　范　满　韩　勇　李佳庆　李晋文　李　营　李昊民
林留洋　刘爱强　刘逸伦　马洁云　马　骁　宁彦男　唐　强　王　亮　王　岩
王照轩　魏海川　谢朝霞　熊　涛　于　博　曾笑尘　张亚卓　赵锦明
丹增仁卓

建筑环境与设备工程2班

白如冰　陈源满　崔国丰　邓超哲　范凤花　葛宇磊　龚　原　郎江晟　李　晓
李泽青　李鑫阳　林昊宇　马　兰　马培尧　庞　博　宋亚杉　王兰旭　魏祎璇
许　立　杨　婧　于明冉　张冠宇　张议云　朱兆喆　庄先安　次旦多吉

环境科学1班

南　希　　王　申　　赵　宁　　刘素素　　徐国瑞　　赵晨旭　　胡　毡　　汪维昊　　李思颖
刘亚娟　　田　野　　王梦阳　　于天水　　张靖晨　　张书晴　　朱文胜

环境科学2班

陈艺中　　崔元彰　　王　帅　　杨钦明　　宋靓雪　　王峰青　　郝安琪　　孙　畅　　王　鑫
张逸荻　　李　放　　隋欣恬　　谭　璐　　叶志刚　　易维李　　张　赛

2015届（2011年入学）

建筑环境与设备工程1班

蒲星吏　　郭宏冉　　胡崇泽　　李　凯　　林　尚　　刘春瑶　　刘敏章　　刘文明　　罗兆亨
汤任军　　陶俊宇　　童宇佳　　王乔志　　王　鑫　　吴志雄　　邢伟男　　徐　崇　　徐　柳
杨森文　　杨远程　　杨睿磊　　姚明瑶　　尹奕卉　　张贺佳　　张欣赏　　赵文韬　　邹文思
李雯青萍　　西热白玛

建筑环境与设备工程2班

安轶林　　崔　唱　　崔　桐　　丁宇鸣　　丁政凯　　杜晓羽　　韩文轩　　郝　悦　　季　翔
李　晨　　李春虎　　李锦盈　　廖云辉　　吕文辉　　王　敏　　肖俊彤　　许若一　　叶存华
张梦婷　　张少飞　　张玉刚　　赵　磊　　甄钰涵　　古确边处

环境科学类1班

陈灏琳　葛云丽　乐　意　李　琳　李　轩　李　昊　刘美斯　骆莉琴　马国强
马佳妍　蒙景怡　牛治皓　潘敏慧　吴云龙　夏　超　熊溪澄　杨舒珺　杨　侠
叶　磊　张雪婧　赵　越　朱凌娇

环境科学类2班

左一禾　曹金成　杜佳媛　杜修东　范　欣　冯景林　谷　雨　胡　姗　黄　玉
金　昌　郎小勇　李佳浓　李佳颖　李　璇　林　森　刘德清　刘　艺　罗　霄
宋天辰　索小聪　王若东　王奕瑾　许丹宁　杨　笛　曾菡潇　汤茵琪

环境科学类3班

张茹芳　白志晖　何睿康　姜加龙　李建洋　刘　畅　龙　莎　任保赢　汪安宁
王　慧　王晓宇　王亦寒　王子正　夏妍梦　张敬旭　张　媛

环境科学类4班

陈海燕　李方舟　李　烁　林青霞　刘晓娜　聂　瑀　提博雯　王书丛　王鑫一
夏　静　阎鹏羽　张凤熔　张　荆　张　宇　周广沛

致 谢

本书在各方的关怀和支持下，终于和大家见面了。在编写过程中，天津大学党委书记刘建平、校长李家俊在百忙之中慷慨应允，欣然为本书题词，让我们深感荣幸。一些老领导和专家也给予了热情指导，提出了宝贵的编写意见。在此，我们对领导和专家们的关心和指导表示衷心的感谢！

在本书的编写过程中，天津大学研究生院、档案馆、校友总会、出版社、建筑工程学院等单位给予了极大的支持和帮助，提供了很多宝贵资料；环境科学与工程学院的老师、校友们提供了详尽的历史文档和珍贵的照片。天津大学出版社的相关工作人员为纪念册的设计、排版等付出了辛勤的劳动。

从纪念册的策划、起草到编撰、定稿，环境科学与工程学院的很多老师和同学都放弃了休息时间，倾心于纪念册的编写中，做了大量的收集、整理、编撰等工作。

在结集成册之际，一并向给予我们大力支持和热情帮助的各位领导、专家、校友、老师、学生以及各单位和工作人员表示诚挚的谢意！

由于时间有限，很多资料和照片尚不完备，疏漏在所难免，恳请大家批评指正。

编 者

2011.12